DIE
GESETZE DER
GEWINNER
so werden Ihre Träume wahr

贏家心態

帶領一整代歐洲人
走上成功與致富之道的經典

Bodo Schäfer
博多・薛弗——著
黃淑欣——譯

目次

各界好評

其實成功的方法大家都知道，但是做的人少。這是因為一個人只要心態沒有建立起來，正確的方法放在眼前他也不會做。《贏家心態》這本書即是專注在最重要的部分，讓你在做出人生重要決策的時候，都能用贏家的心態果斷下決定！

——《科技工作講》Podcast 主持人／抹布Moboo

此書是為有夢想而且願意付出一一〇%努力的人而寫，若你也是這樣的人，你將從此書獲益匪淺。每一篇皆以真實故事或寓言開頭，每一則都精準到位、令人深思；每一篇的最後都有〈富足人生練習〉，幫助讀者在實作中學習、內化成為自己的思維和習慣。我很喜歡這樣的鋪陳和設計，相信你也會喜歡！

——《內在成就》系列作者、TMBA共同創辦人／愛瑞克思維改變心態、心態影響行動，而行動決定人生的不同。被譽為歐洲版的《致富心態》的本書，同樣強調心態在成功與財務管理中的關鍵作用，但更廣泛地涵蓋成功的各個方面，包括職涯與個人生活。透過淺顯易懂的文字和生動案例，提供了一套全面的成功哲學，強調個人成長、積極心態和持續學習的重要性。特別的是書中設計的三十天〈富足人生練習〉，對於希望在短時間內看到變化並實現更成功和滿足生活的讀者來說，無疑是最佳的引導指南。

——鉑澈行銷顧問策略長／劉奕酉

近十年來最具影響力的生涯教練。

——《柯夢波丹》

給想要創造自己未來的人一劑真正的強心針。

——德國RTL電視臺

兼具專業知識與幽默……附帶許多具體建議，博多．薛弗一步步帶著讀者，引領讀者邁向第一個一百萬之路。

——《焦點週刊》

一個保證賺到人生第一個一百萬的方法。讓博多．薛弗來指引你。

——《南德日報》

博多．薛弗揭露被守護的累積財富祕密，針對如何與錢相處提供簡單、立即見效的技術指導。

——《世界報週日版》

〈前言〉
每個人都能成為贏家

你相信自己的能力遠比你現在展現出來的多嗎？你是否也曾有夢想……但經常像被薄紗掩蓋一樣，總被義務、挫折、日常瑣碎事務淹沒？

愛因斯坦說過，每個小孩的身體裡都藏著一個天才。我們每個人都有機會和權利像贏家一樣生活。

或許，你現在的狀況也和我幾年前一樣。當時，我正在尋找「道路指引」，尋找各種能夠幫助我的準則。我對第一個生涯教練說：「只要能變得和你一樣成功，我願意付出所有。」他懷疑地搖了搖頭：「薛弗先生，這我可不敢說。」

我再三保證自己絕對是認真的，教練卻回答道：「好吧，那你每個禮拜來我這裡練習三天。你必須記下我告訴你的一切，然後一一實踐。」

剛開始，我想找到成功與幸福的公式。想當然耳，世上根本沒有這種公式，畢竟人生實在太過豐富多樣。

接著，又想請教練幫我解決我遇上的難題，但就連這點期望一開始也沒被滿足。教練沒有試圖幫我解決棘手難題，而是向我解釋一些基礎法則——也就是贏家心態。剛開始無法理解，但事後證實這讓我受惠良多：不僅學會如何獨立處理當下的難題，更在面對未來的挑戰時有了應對的能力。

時至今日，每天我仍會遇到難題，但每當這種時刻，我都會問自己：「如果教練現在在這裡的話，他會說些什麼？」我能在腦海中聽見教練的聲音、看見他的表情、接受到一股穩定的感覺，讓我去做對的事。

我曾遇到別人試圖灌輸我一些看似正確，實際上卻錯誤的道理。這時，我總會想起我的生涯教練說的：「只有一件事會讓我真正生氣：就是歧視。人總會在發現他能藉此剝奪你成功、幸福的機會時這麼對你。全世界沒有一個人，應該自以為有這種權利可以對別人說：『你無法有更好的人生！』更沒有人應該對自己說出這種話。」

並非人人都有幸找到這樣的生涯教練，這正是我寫這本書的原因：本書集結了我過去學到的，有關邁向成功最重要的基本心態。

這些都是古老、受到審慎保護的真理。多數人或許了解其中一兩項，卻通常不會在生活中實踐。這就是為何有些大家十年來一直知曉的道理，到第十一年才突然驚覺其中的深層涵意，以及它帶來的豐碩結果。

如果你打算按照本書開始行動，我想先申明三件事：

1. **部分法則乍看相互牴觸**。或許有人已經點出這項缺失。贏家心態與人生息息相關，而人生本就充滿了各種矛盾。眾多看似相互牴觸的事物，事實上卻是一大片拼圖裡的不同部分。

2. **法則間的概念會重複**。我想特別強調：每條法則都互相關聯。唯有看透各項法則間的關聯性，才能使生活真正富足、充實。

3. **按照「贏家心態」生活不是件簡單事**。不過，我相信我們都有足夠的力量執行這點。我們有能力隨時改變人生。成功與圓滿並非總源自幸運和偶然，大部分人正是特定生活方式下的結果，而這些生活方式全依循著某些特定的基本法則——了解這項事實不一定會讓人開心，因為很多人更喜歡將自己視為受害者，如此一來，他們就有了一個大家都認可的藉口。

事實上，我們絕對有選擇的權利！人生並不取決於我們所處的環境，而是我們選擇處理自身情況的方式。不只是你我，我們身邊的每一個人，都絕對有機會成為贏家。本書包含滿滿的「處方」，能讓你立即著手實踐。

我衷心希望《贏家心態》能以特別的方式打動你、鼓舞你。以下是我為你許的三個願望：

願你能將夢想轉變為實際生活。

願你能讓黃金般的時刻充實、富足你的每一天。

願你成為你一直想成為的那種人。

你衷心的

・關於本書使用建議，請參閱〈贏家心態6〉中的「贏家心態」。

贏家心態
1

贏家心態1

下決定

從前從前，一條淙淙小溪流到了沙漠開端。一道聲音對小溪說著：「來吧，放心往前走。」然而，小溪流對於未知的、全新的事物感到恐懼，十分害怕改變。雖然想擁有更豐沛的水源、過上更絢爛美好的人生，卻不願改變，也不想冒險。

此時，聲音再次出現：「若是不跨出這一步，你永遠無法察覺自己究竟擁有多大的能耐。請相信自己會在新環境裡悠遊無礙，放心往前流動吧。」

於是小溪下定決心前進。過程不太舒服。沙漠的氣溫越來越高，最終，整條小溪蒸發了。細小的水滴在上升的空氣中集結，形成雲朵並遮蓋住整個沙漠。雲朵在空中飄蕩了許多天，直至沙漠後方的廣大海洋，在那降下了大雨。

現在，小溪的生活遠比它當時敢想望的美好許多。正當它輕鬆地任由海浪托載的同時，它不禁微笑地想：「雖然我多次改變了生命的型態——但此刻，我活得比從前任何時候更像自己。」

很多人覺得下決定很困難，特別是牽涉到必須承擔風險的決定。在變化的跟前，恐懼油然而生。改變可能影響很多層面，或許是日常作息、居住地、親友圈，或以上皆是。然而，最巨大的改變事實上發生在我們心裡，這也正是多數人感到恐懼的主因。請嚴肅地問問自己：你想要一直待在現在的狀態嗎？還是你想要進步、成長，並做出正面的改變？做出決定，才能啟動成長及各項改變。

害怕做出錯誤決定的恐懼誠然無比巨大，恐懼將離開已知、「安全」的區域去換取未知事物的感受也異常真實，但這同時象徵著抓住成長的時機、邁向隱藏大好機會的一步。

每次決定都是一次分離

「決定」這個字清楚暗示了每次決定就是一次訣別[1]。透過決定，我們選擇了一個可能性，並將其他的可能性與自己分離。認真看待自己下的決定的人，甚至會刻意避開任何通往其他可能性的途徑。

人生中多數的重要決定，都牽涉到在過去與未來之間做抉擇。你可以選擇緊緊抓住擁有的事物，相對地，你會失去嘗試新的可能的機會。同時，這也意味你決定讓自己遠離夢想、遠離更圓滿未來的願景。

或者，你可以選擇放開一切，為目標與夢想空出雙手。

我們永遠不可能既緊緊握住那些讓我們擁有「安全感」的東西，同時又伸手去抓住新的願景。我們必須做出抉擇：究竟是要放棄「安全感」，還是要放棄那個能夠讓你圓夢的可能性？你會選擇何者？想牢牢抓住過去，還是選擇有豐盛未來的機會？我想你已經有了答案。你知道自己在現在的生活裡是否真的幸福快樂——也知道是不是時候該做些改變。改變永遠是從做出「決定」，也就是從分離開始，而這確實需要充足的勇氣。

不做決定的人，注定毫無發展

你知道在非洲是如何捕捉猴子的嗎？

獵人會將雞蛋大小般的石頭放進直徑約六公分左右的樹洞，一邊放石頭，一邊故作神祕，讓猴子在安全距離外好奇地觀察獵人的動作。

接下來，獵人會離開幾尺遠，等待猴子跑到樹旁邊，伸手往洞裡抓。猴子會感覺手裡握住了一個東西，想拿出來看看到底是什麼，但樹洞太窄小了，需要調整到特殊角度才能取出東西。當然，只要放下東西，猴子隨時能抽回自己的手，但牠沒辦法說服自己這麼做，於是獵人能好整以暇地用袋子套住牠，輕輕鬆鬆捕捉到猴子。

有沒有可能，有時我們也被自己的過去抓住，並耽誤了未來？想死守某些人事物及安全感而無法空出雙手，讓自己前往更快樂的人生？在這裡，我想邀請你一起思考一個關鍵問題：你究竟想在人生中達成什麼？

美國總統老羅斯福曾說：「要敢於冒險追求偉大的事物、贏得輝煌的勝利，即使途中會遭遇失敗，也好過甘於平庸。平庸之人不需要承受痛苦，卻也無法享受快樂，他們只是生活在既沒有失敗也沒有勝利的灰暗之中。」

贏家不會緊抓著什麼不放，不會在明知無法獲得滿足的狀態下徒勞掙扎。贏

1 德文原文為 Entscheidung，ent- 與 scheidung 皆有分離的意思。

家能承擔風險，知道怎樣都好過於停滯在不滿意的最低生存限度。對多數人來說，「貧窮」不代表挨餓，而是得忍受麻木無感的日常生活。

在遊戲中，只求「不要輸」和「以贏為目的」截然不同。只求不要輸的人，會將全副專注力集中在規避風險及危險；打定主意要贏的人，則會努力找出各種取得勝利的可能。你認為，兩者誰會更快樂？

無法做決定的原因

1. 認為一生必須固守同一份職業

許多人的職業都是愚蠢無知的年輕人選的——也就是我們自己。有人選得好、有人選得不怎麼樣，如果你是後者，現在是時候重新選擇了。

最重要的問題莫過於：你熱愛你的職業嗎？

人生太過短暫，不該日復一日從事自己不喜愛的工作。況且，不論你目前的工作是什麼，你都在和那些真正熱愛這份工作的人面對面競爭。

2. 認為可以「晚點」再做決定

無法下決定的人，最後將對自己失去信心。

事實上，人不可能不下決定。「不做決定」是一種決定——一個讓一切留在原地的決定；「猶豫不決」也是一種決定，且這種狀態會消耗龐大的精力，讓人無法解脫也無法自由移動，如負重擔。

即便如此，還是很多人認為晚點再決定不遲。我想請抱有這樣心態的人想像一個情境：你一直站在原地，但你的目標正在手扶梯上不斷移動，稍微猶豫，目標就將越來越遠，直到你再也無法企及。

3. 害怕做出「錯誤」的決定

事實上，根本沒有所謂錯誤的決定。做出決定的當下，我們就已經剔除了其他的可能性。因此，我們永遠無法知道如果做了其他選擇，人生會變成什麼樣子。

舉個例子：你要決定開車去海邊還是山上，你選了開車上山。可惜的是，上山後下起了大雨，而你待在山上的整整十天雨都沒停過。這時，多數人都會認為自己做了一個「錯誤」的決定對嗎？

那可不一定。

我們永遠無法知道如果去海邊會發生什麼事，或許，你會因為嚴重的食物中毒一直躺在床上（然後開始幻想，如果選擇上山說不定會遇到夢想中的另一半）。這樣比較起來，剛剛還覺得上山是「錯誤」決定的評價，是不是馬上就被推翻了呢？

我們永遠無法驗證如果做了其他決定是否會更好，如同我們永遠無法準確預測人生接下來會發生什麼事。相信仔細思考其中意義，你就能理解，自己做的每個決定，都好過於不做決定。

4. 認為自己能輕鬆且不痛不癢地做出決定

最不用糾結的決定，就是那種顯而易見的決定。這就是為什麼很多人經常延遲做決定，而要等到其他選擇明顯失去吸引力，或真的只剩下一個選擇時才做決定。然而，我們忽略了這其實不是真正的決定，而是在沒什麼選擇下被動接受了某個選項。

只有擁有兩個以上的選項可以權衡時，下決定才真正具有力量。即使最後沒選擇原先那些選項，只要花越多時間考量，我們就會越重視最後選出的那個選項。

如果你想增強自信，練習快速下決定就是最好的方式。請好好鍛鍊你的「下決定肌肉」吧。

下決定的同時，我們也決定了自己的命運

請試著想像：接下來幾年內，你生命中出現了一個新的人。這個人將擁有你家以及車子的鑰匙，住進你家、睡在你的床上，且成為餐桌上的常客。他會使用所有你真心喜愛、辛苦努力工作換來的東西，還會檢查你的銀行帳單，確認過去幾年你是否真的有賺到錢。最後，當你望向鏡子，你將看見他：這個人就是你自己。是你創造了他——藉由今天一連串的決定，以及所有你今天做了和沒做的事。

這個人看起來如何？過著怎樣的生活？他會做些什麼？身邊的朋友看起來如何？他負擔得起什麼樣的生活品質？他是一個幸福、快樂，有著圓滿、富裕生活的人嗎？

你今天的選擇，將決定上述所有問題的答案。**自我價值感不高的人，會規避所有可能的風險以保護自己**。這就是為什麼有人會緊緊抓住一些他們打從心底不喜歡的東西。然而，人生最大的風險其實是在未來必須忍受毫無樂趣的生活。一名卓越的成功人士這麼說過：「你為什麼不願意冒險？情況再糟也不會比現在更糟了，不是嗎？」

贏家做決定時，會專注於自己真正想要的事物。他們能快速做決定，並且會長時間相信自己的決定。多數人則會花很長的時間做決定，之後又會快速推翻自己先前的決定。贏家能快速做決定，是因為他們知道，一個不那麼好的決定也絕對好過於不做決定。他們能快速做決定，也因為他們清楚自己想要什麼。

能快速做出決定的關鍵，在於清楚了解自己的價值觀。只要你對自己的價值觀有明確的理解，做決定就會變得十分容易。

富足人生練習 1

今天，我會練習改善自己做決定的能力，因此我將完成下列練習：

1. 我會訓練自己快速做決定的能力。我會這樣想像：我擁有一塊「下決定肌肉」，每當我迅速下決定，這塊肌肉就會變得更強壯。有人會看著菜單長達十五分鐘──最後點了一份肉醬義大利麵。今天，我下定決心要在三十秒內決定自己要吃什麼、喝什麼，就算可能得吃一次不喜歡的東西也無所謂。今天所有的微小決定，我都要在三十秒內完成。

2. 做所有決定前，我會先問自己：如果我做了這個決定，結果會是什麼？我現在要做的這個決定，會為自己和身邊的人帶來快樂嗎？我將藉此學會傾聽自己的聲音。

3. 我會用紙筆記下自己對以下問題的答案：五年後，我想成為什麼樣的人？五年後，我想做些什麼？五年後，我想要擁有什麼？確定這些問題的答案後，接下來我所有的決定，都要和這些目標對齊。我已經準備好要和我心裡完全不喜歡的東西分開。唯有如此，我才能為理想的生活空出雙手。

4. 我會仔細思考，自己是否有長期拖延的「困難」決定。我將寫下所有可能的選項，並考慮是否該與有豐富相關經驗的人討論。最重要的是，我將為自己設下一個停損日期，到那天前，我絕對要做出決定。

贏家心態

2

贏家心態2

持續學習、成長

根據一個古老的印度創世故事記載，神一開始創造了一顆貝殼，並把牠放在海底。貝殼在海底過著百般無聊的生活，整天不外乎就是把殼打開、讓一些海水流過，再把殼關上。夜以繼日重複著把殼打開、把殼關上、把殼打開、把殼關上、把殼打開、把殼關上……

接著，神又創造了老鷹。神賦予老鷹飛翔的自由，甚至能自由自在地翱翔於頂峰。對老鷹而言，世界幾乎沒有界限，雖然老鷹必須為這份自由付出代價——日夜與獵物搏鬥。畢竟，沒有東西會自動掉到牠嘴裡，且一旦有了幼鳥，更得整日捕獵，才來得及提供孩子充足的食物。不過，為此付出代價牠甘之如飴。

最後，神創造了人，並引領人到達貝殼及老鷹眼前。神要求人做出決定，選擇自己想過哪種人生。

持續學習、成長

我們都能在這兩種生活方式中做選擇。

貝殼代表不願拓展人生水平線的人，而這個選擇的代價，通常便是一生做著相同的事。成功學之父拿破崙．希爾曾說：「有人因過於貪吃而死，有人因過於貪杯而死，還有一些人，則因無事可做逐漸衰竭而死。」

選擇如老鷹一般生活當然不是輕鬆的路，要堅定地走在這條路上只有一種可能：在學習、成長中培養出一定的樂趣。由學習、成長得來的收穫越多，能得到越多的自由。從這樣的觀點來看，挑戰及困難都只是幫助學習的課程而已。

「終生學習、成長」的人生哲學，是建立在四項認知上。

1. 成長是人類基因密碼中的一部分

如何分辨生命是否活著？答案是：所有活著的東西都會成長。這就是區別一顆石頭和一株活珊瑚的方法。生命若停止生長且不再變化，就可說是進入了死亡狀態。也因此，「成長」就是生命的基本原則。這裡指的不是徒長，而是達到在演化上具有重大指標性的成長，為了變得更有生存能力、為了精進自己發展的成長。

2. 終生學習、成長是人類的基本需求

如果仔細觀察兒童，就能理解人類天生就傾向於終生學習、成長。

孩子們總會不停想深入了解、認識、研究所有事物，並改善自己的能力，也永遠願意去探險及冒險，幾乎不會想到要保護自己。我們經常無法理解小朋友的這股精力究竟從何而來。事實上，或許人們可以只為滿足自身需求而生活時，反而能過得更加活力四射。

相較之下，觀察那些不再學習、成長的成年人可以發現，雖然他們仍會思考如何善用時間，但多數人看起來都不太快樂。理由很簡單：一旦停止學習成長，人生就會變得空洞且無意義。沒有滿足持續成長這項人類的基本需求，生活便會逐漸失去樂趣，讓人失去活力。

3. 沒有任何宗教不致力於讓人變得更好

這裡要強調的並不是宗教，而是提出一項事實——世上所有宗教都只是在表

達人們的渴望。就我的理解，宗教存在的目的是幫助人們滿足渴望：不論是追尋救贖、頓悟、聖潔、和平，抑或是更好的人生、更多的愛……但這一切追求的前提都是改變自己，沒有任何宗教會對世人說「你不需要做任何改變」。

4. 適用於每個經濟體系及每間公司

絕不能停滯不前。

公司不持續成長，就意味正在衰弱；個人若維持在某個程度，長期而言必會輸掉整場比賽。從事經濟活動的人勢必得持續學習、成長，否則必將變得弱小。二十世紀著名的美國品質管理專家，愛德華茲．戴明博士曾定義過何謂品質：「品質不只是符合某項特定標準，而是能在持續變動的流程中，動態地實現改善目標。」

如果我們違背生命的定律、演化的規則、抗拒人類的需求與渴望、違反所有經濟活動的常態，怎麼可能因此幸福快樂？學習、成長是人生不可或缺的一部分，沒有任何藥物或物品，能取代人們在學習、成長中的收穫與體驗。

我們得不停重複做的決定

人們可能會有這樣的假設：在人生中的某個時刻，終於下定決心要在兩種生活方式中做出選擇，從此與另一種生活方式完全分離。然而，更符合現實的情況是，我們必須在生活中一再重複強化已經做出的決定。

我們必須不停自我鞭策，告訴自己要閱讀、寫日記、參加讀書會，且讓自己身邊圍繞著值得學習的人。

人會停止學習、成長，主要有兩個原因：一是抱持「反正我也沒辦法變得更好」的想法。事實上，我們隨時都能開始學習成長。英國搖滾巨星大衛．鮑伊說過：「要是哪一天，你開始想自己不可能再變得更好了，那就是你開始不停重複唱同一首歌的時候。」

第二則是「無關緊要」的心態。這是所有誘因中最強大的一個，因為它看起來實在太過無害。一旦停止學習成長，這將無可避免地成為一種行為模式及生活型態——遠低於你應得的品質。

這種心態中最大的隱患，就是認為「不過就是過著沒那麼好的生活嘛，又不會有什麼損失」。

溫水煮青蛙

把一隻聰明的青蛙丟到裝有熱水的桶子裡，猜猜會發生什麼事？青蛙會立刻決定：「這不是舒服的地方，我要馬上離開。」並一躍而去。

但如果把同一隻青蛙放到裝有冷水的桶子裡，再把桶子放到爐子上慢慢加熱——又會發生什麼事？青蛙會覺得很放鬆，而隨著水溫漸漸升高，牠會想：「不過是稍微熱了一點嘛，又不會有什麼損失。」但沒多久，牠就會被煮熟了。

這則故事的寓意是：生命中的許多事物都是慢慢形成的。就像負債。如果明天一覺醒來突然多了兩百多萬的債務，你會不會坐立難安？當然會。但如果累積的過程十分緩慢，從無關痛癢的十塊、二十塊、一百塊慢慢累積，人們通常會不當一回事。**然而，生命中的一切都會聚沙成塔**，決定了某天我們將被負債壓得無法動彈，或是過得富裕滿足。

如果明天一覺醒來你就突然胖了三十公斤，你會不會坐立難安？毫無疑問，會。但如果是從這個月胖一公斤、下個月胖一公斤這樣慢慢累積，我們對這件事的反應就不會這麼激烈。溫水煮青蛙的寓言是用來警惕我們：世事皆會積沙成塔，隨時注意趨勢變化，不要輕忽微小事物的影響。所有事物若不是引領我們朝目標邁進，就是讓我們離目標越來越遠，沒有「中立」這回事。因此，我們必須不停問自己：「現在，我的方向盤是朝著哪個方向？」

長期對比

你今天是吃了一顆蘋果還是一塊巧克力？看似一點差別也沒有。同樣地，今天你是讀了一本好書還是看了一部肥皂劇、存了十塊還是花了十塊，也看似毫無差別。

然而，累積十年後將成為巨大差異。

巧克力、肥皂劇、花錢如流水，只會讓人變得肥胖、膚淺、貧窮；水果、有益的書籍及儲蓄的習慣，則能引領人們過上健康、智慧及富裕的生活。沒有人期望我們總是能做出明智的決定。但人生就是每個人一連串決定的總和，對此感到無關緊要，絕對是一個糟糕的策略。

一位父親因為想專心工作，想讓兒子在一旁自己玩一陣子，於是把一張從雜誌上找到的世界地圖撕成許多塊，要兒子試試看把地圖拼回原本的樣子。

讓父親大吃一驚的是，沒多久，兒子就拿著拼好的地圖來到他面前。父親完全不敢相信兒子這麼快就完成了拼圖。兒子解釋道：「地圖的背面剛好是一個男人的臉，所以很簡單就能組合起來。我想，如果這個男人的臉看起來沒問題，那背面的世界地圖應該也沒問題。」

這正是持續學習、成長的意義：我們將成為自己決定的組合。我們所有大大小小的選擇，決定了我們未來的樣貌。如果我們一直走在對的路上，我們的世界也會一直往對的方向前進。

從一%開始就好

帕特．萊利是美國職籃史上最成功的教練。一九八六年，他所屬的球隊隊員——也就是洛杉磯湖人隊——深信自己在排名上無法再進步，但萊利鼓勵隊員只要進步一%就好。一%聽起來簡直少得可笑。

但萊利算給所有隊員聽：如果上場的十二名球員，都能在場上的五個區域中進步一%，整體球隊就能進步六〇%。而想奪得冠軍，只須整體球隊進步一〇%就夠了。進步一%的可行性極高，甚至可說是輕而易舉，於是所有球員都全力達成這個目標，最後毫不費力贏得了總冠軍。

我們假設，你今天決定要在人生的五大領域：健康、人際關係、財務、情緒及事業，都進步一％。你只要每個月進步一％——不到一年時間，你就將進步六〇％。

自發性地持續學習、成長

但什麼東西能督促人們維持持續學習、成長的紀律呢？答案可能會讓你大吃驚：你需要一種神奇藥水。就像法國經典漫畫《高盧英雄歷險記》中，喝了會變得力大無窮的神奇藥水一樣。這個神奇藥水就是「環境」。環境總是會影響我們，且經常是在不知不覺間。絕大部分我們做的決定，都受到周遭環境的影響，這些環境因素包含了我們閱讀的書籍、寫的日記，以及參加的講座。

《高盧英雄歷險記》中的主要角色之一歐胖，還是小男孩時就掉進了藥水缸，所以不須喝藥水就擁有神力，也因此從小就有著特殊觀念。但另一個主角阿斯特就沒那麼幸運了，每每遇到棘手情況都必須再次喝下神奇藥水。我們多數人也正是如此，經常需要神奇藥水的幫助——也就是那些我們視為榜樣的人、啟發我們的書籍，以及幫助我們更了解自己的生活、讓我們能從錯誤中記取教訓並培養出自信心的日記，又或是那些能指引我們新方向、給予我們當頭棒喝的講座。

學習、成長得越多，就會越渴望繼續進步與學習，於是這將漸漸成為我們的本性，變得自動自發。

贏家永遠是好奇的。他們永遠想認識那些他們也想成為的人。贏家會善用稱讚和責備，讓自己永遠能持續學習、成長。贏家也相當懂分寸。雖然喜愛接受讚美，但不會過度自滿；雖然害怕被責備，卻不至於懼怕到被擊垮。

在問答遊戲中答不出正確答案的人就無法到下一關，人生也是如此。持續學習、成長對贏家而言，便是隨著每年過去，他們將越來越不像從前的自己，而是越來越像自己想成為的模樣。

富足人生練習 2

今天，我必須完成下列步驟，幫助自己培養出持續學習、成長的習慣：

1. 我決定每個月至少讀兩本啟發人心的書，更進階的目標是每週讀一到兩本好書。
2. 我會開始尋找合適參加的講座。
3. 除了「成功日記」之外，我會另外記錄兩本日記：一本是「認知日記」，另一本是「想法日記」。在認知日記裡，我會記下所有曾犯下的錯誤及學到的教訓；在想法日記裡，我會寫下我的所有想法。
4. 我將列出一張十人名單，他們全是我想認識、學習，以及效仿的人。
5. 我決定每天都讀《贏家心態》的一個章節。

贏家心態

3

贏家心態3

有意識地體驗今天

經過整個星期辛苦的工作後，一位女經理獨自開車到了海邊，讓自己能享有片刻的寧靜。在海邊，她遇見了一位叫梅洛尼的小女孩。小女孩和母親就住在不遠處的棚屋裡。女經理很快被小女孩的好心情感染，兩人一起快樂地在沙灘上遊戲。

正當兩人玩得筋疲力盡、停下來休息時，天空飛過一隻燕子。

「快樂正在那裡飛翔。」小女孩這樣描寫燕子在天空的姿態。

「那裡飛著什麼東西？」

「快樂！母親總是這樣說，燕子會帶來快樂。」

傍晚時分，女經理告別了小女孩，開車回家。

往後，每當女經理覺得自己需要來點「快樂」時，她便會開車去海邊找梅洛尼。她們一起度過了許多歡樂時光。有時，她們會坐在一起看著天空中的燕子。沒幾次過後，女經理也感受到燕子的確會帶來快樂。在這奇妙的緣分之下，女經理和小女孩成為了好朋友。

有天，女經理又來到了海邊，但顯得相當悲傷。如往常一般，梅洛尼歡天喜地和她打招呼。但女經理這次只想一個人靜一靜：「我今天沒有心情和你一起玩。我的母親過世了。請讓我一個人靜一靜。」

「很痛嗎？她過世的時候。」

「當然很痛。」女人沒好氣地回答，留小女孩兀自站著。痛苦已經完全吞噬了她。

幾週過後，女經理心情平復許多。她開始想念梅洛尼，同時覺得有點良心不安。她再次開車到海邊，卻遍尋不著小女孩的身影。

她走向不遠處的棚屋，一位年輕但面容哀傷的女人招呼她進屋裡。女經理說道：「我想念梅洛尼——我們每次都一起玩得很開心。她去哪裡了呢？」

「梅洛尼上星期病逝了。她或許沒有告訴你，她有白血病。」突如其來的痛楚向女經理席卷而來。

這位母親繼續說道：「她愛極了這片海灘，當她要求我搬到這裡來的時候，我實在無法拒絕她。來到這裡之後，她的狀況看起來比以前好很多，在這裡她度過了一段非常幸福的日子。但突然，她的狀態惡化了，一切都發生得太快了……」她哽咽地說道。

「她、她……梅洛尼請我轉交給你一個東西。我現在去拿。」

這位母親帶著一個用滿滿的色彩畫著的信封回來，上頭寫著：「給我的好朋友」，信封裡是一張梅洛尼自己畫的，她想像中的海灘：金色的沙子、蔚藍的海洋，以及一隻巨大的燕子。圖畫下方細心地寫著：**一隻帶給你快樂的燕子**。

女經理再也無法抑制眼裡的淚水，緊緊地與梅洛尼的母親相擁。

如今，這幅畫就掛在她的辦公桌前。如此一來，她便能天天看見這幅畫。這是一個小女孩給她的禮物，教會了她什麼是快樂。

／

有時，似乎只有透過悲劇，我們才能將自己從陳年舊習裡徹底抽離，才能牢牢記住生命中真正富有意義的事物。很多時候，我們都過得太過忙碌，忙到甚至沒時間去感受生命中那些特別美好的時刻，忙到沒有時間去感謝那些在我們身邊的人。

從命運的打擊中找到光明

許多人都曾經歷過生命的悲劇，必須忍受命運無情的打擊。有時我們無法理解為什麼會發生這樣的事，有時事情的發展更是超出我們的掌控。無論是重病或死亡，這些災難都是生命的一部分。沒有人可以逃過一劫。然而，我們該如何面對？是去尋找一個解釋、抱怨上天的不公、埋怨所有人，還是試著從這類情況中發掘它「光明」的一面？

「羅賓」是美國總統老布希和夫人芭芭拉的長女，寶琳・羅賓森・布希的小名。當羅賓於三歲夭折時，老布希夫婦的反應令後人讚嘆不已：「我們很欣慰，能站在我們女兒也曾經歡笑、奔跑的同一片土地上。因此，我們並不想為她的離別終日哀戚，而是由衷感謝上天賜給我們這段一起相處的時光。因為羅賓，喬治和我比以往更懂得珍惜身邊的每個人。她將永遠存在我們的心裡和回憶裡，並改變我們的行為。我們將不再為她哭泣。她現在已經成為我們生命裡幸福、光明的一部分。」

享受當下

我們應該更珍惜遇到的每個人，更常去感受當下體驗到的每一秒是何等的獨特。可惜，人們習慣將一切視為理所當然，且莫名認為自己將持續擁有大把的時間。

直到真的失去了些什麼，才會認知到生命中的每分每秒，都是上天賜予的禮物。這其中有多少時刻我們根本毫無所覺，又或直接忽視——只因太過專注在擔心所有事，或太過於專注在所謂「更重要」的事。

我們需要和這些擔心保持更大的距離。在面對所有擔憂和問題時，我們應該要問自己：**五年後，這個問題還會對我有什麼影響嗎？**事實是，大概一點也沒有。最糟的情況大概是我們壓抑了太多負面情緒，或高估了許多根本沒意義的事，那五年後，我們的健康狀況就會變得糟糕透頂。

「保持距離」可以讓我們獲得的，正是生命中能撥動我們心弦的時刻，以及那些能讓我們洋溢著幸福的「魔法時刻」。我們實在太常讓這些時刻從身旁溜走了。

現代時間管理方式的疏漏

現代人常對「完美的時間管理」方式有著四種錯誤觀念：

1. 將行程排得越緊湊越好

很多人雖然計畫了滿滿的行程表及研討講座，擁有的時間卻更少了。時間管理看起來像是勝利獎盃，端看你究竟能在一天裡塞進多少活動，這樣的時間管理方式，與其說能讓人空出更多時間，大多時候反而是在掠奪時間。

2. 長年蹉跎歲月，卻將重點放在如何節省幾分鐘的時間

一個不知道自己目標的人，即便有出色的時間管理技巧，也不過是讓自己加速抵達錯誤的目的地罷了。繼續按照這種方式行事，我們將越來越熟練於去完成所有不重要的事，而最重要的事——找出對自己真正有意義的目標——卻完全被忽略了。往往等到為時已晚，人們才會明白自己**掌握了時鐘，卻忽略了羅盤**，完全不知道這種方式將讓自己錯過多少重要事物。

3. 所有無法預期的人事物，統一降級歸為「打擾」

即便是我們深愛的人，也會被這樣的時間管理邏輯歸類為「打擾」。按照這種方式生活，當然無可避免會被行程主宰。總是以目標、計畫及行程為標準，將成為一個只為未來而活的人。最可笑的一點正是，即便是在未來，這類型的人也仍在為更遙遠的未來而活，永遠無法享受當下，也不會珍惜身邊人的價值。但「人」，才是應該被優先於一切對待的事項。

4. 無事可做時，便立刻感到無聊透頂

如果有片刻無事可做，馬上就會良心不安，這種時間管理觀念只會讓人掉入瞎忙的陷阱。事實上，生命中的每一天、每一刻，都是上天給的一個機會、一份禮物——了解這點的人永遠不會感到無趣。這樣的人會知道時間是相對的。只有那些無法活在當下、對周圍毫無感受的人，才會碰到這種情況便覺得無聊，因為他們無法體會生命的美好時刻。

停頓、反思，以及放空的時間

偶爾發生看似停滯不前的停頓，贏家反而會非常開心。因為在這種情況下，可以讓自己像是在慢動作的鏡頭裡一樣，更有意識、更強烈地體會當下。贏家會好好享受這樣能停下來的時光，將它當作是可以用來體驗寧靜，以及領悟生命基本事物的機會。

不需要永遠忙著做些什麼，偶爾可以單純體驗存在的感覺就好。而且，那些不停忙著做些什麼的人，有很高的機率不會注意到自己究竟在忙些什麼，原因或許是不願意去思考這個問題，只想自顧自地繼續忙下去。

我們需要這樣的停頓，讓我們更常去思考自己的價值，以及究竟該將方向盤轉往何方。我們永遠需要偶爾停下來，好讓自己不被卷入一些宣稱是「緊急事件」的颶風中。**所有「緊急事件」的共同特徵，就是看起來很「大聲」，因為唯有如此，它們才顯得重要**。

停在這些靜止的時刻，我們才能分辨差異，想起對我們來說真正重要的方向，從冒牌的重要事項中，找出真正重要的事。

停在這些靜止的時刻，我們才能讓自己好好記住身邊重要的人。沒有任何事物，能取代那些我們和重視的人共度的魔法時刻，也沒有任何事物，比那些時刻更能豐富我們的人生。

機會就在今天

因懊悔而活在過去，或因未雨綢繆而活在未來，似乎都再「正常」不過。當然，如果能做出長遠的規畫、為美好的未來奮鬥，那這些都是努力進步的特徵。不過，這種想法也很可能成為陷阱，因為這通常會讓我們無法體驗當下的美好。

每個「今天」都是唯一的機會，逝去即不再復返。今天，是能與你珍愛的人共度精心時刻的機會、是你能用來實現夢想和目標的機會，更是一個能讓你幸福的機會。我想邀請你仔細想想：你能夠做些什麼，好讓今天過得比以往「平凡」的每一天更有覺察？

通常，多數事情只要換個觀點來看就會完全不同。

很久以前，有個小女孩在森林裡逗留，但外頭已開始下起大雷雨。

母親因擔心出門尋找小女孩。

終於找到小女孩時，眼前的景象令母親印象深刻：一打雷閃電，小女孩就會停下腳步，帶著微笑看向天空。

「難道你一點也不怕打雷閃電嗎？」母親問道。

「不怕，」小女孩回答，「因為那是神在按快門幫我拍照啊。」

如果你今天過得不太順遂，請不要把事情看得太嚴重，別讓任何事壞了你的好心情。請將所有的沮喪化為讚賞，告訴自己：「今天能發生的最糟糕的事，就是擁有美妙的一天。」請牢牢握著控制情況的力量，千萬別讓一丁點不順遂的事，輕易將這股力量從你手中奪走。

十九世紀著名的英國首相、政治家及作家，班傑明．迪斯雷利說過：「卑微的靈魂才會被微小的事物影響。」**只要你不允許，就沒有任何事物及任何人，可以將「今天」這特別的一天為你準備的寶藏奪走。**

傳說中，鍊金術師能將鉛與土轉化為黃金。這是個相當有趣的概念。某種程度來說，贏家就像鍊金術師。他們能掌握各種情況，並將其轉變為黃金般的珍貴時刻。

贏家永遠懂得感謝

你知道那些幸福快樂的人們有什麼祕訣嗎？

你是否也認識某個會在大雨天輕快微笑，並吹著口哨唱歌的人？**快樂的人的祕訣就是：知道將當下的時刻視為一個神蹟，並對此心懷感激。**

而今天就是一個可以表達感謝的機會。能感謝的事太多了：請感謝那些你愛的人，以及那些愛你的人，感謝那些寶貴的時光，感謝自己身體健康、能跑能跳、耳聰目明，不需要借助機器就能正常進食、口語無礙……這張清單還能無止境地列下去。現在的你，發現自己有多富足，每一天都蘊藏了多少上天的贈禮了嗎？

請讓我們看得更清楚一點，有多少奇蹟太常被我們視為理所當然？同樣的道理也適用於我們身邊的人，我們永遠都不應該將他們的存在視為理所當然。

贏家會將每一天都視為唯一一次的機會來享受。贏家會珍惜身邊的人，並以他們真正代表的意義來看待——他們全都是上天的贈禮以及奇蹟。贏家能透過牢牢記住那些構成生命基本意義的簡單事物，來獲取源源不絕的力量。

贏家會善用眼前的今日，永遠懂得感謝，不讓沮喪與挫折妨礙自己讚美生命的美妙。

富足人生練習 3

透過實踐下列步驟，我會更有意識地體驗今天，並將它視為是一個難得的機會：

1. 今天，我將確實記下那些讓我的生命更富足的人。我會特別從身邊找出一個這樣的人，並和對方約出來做點什麼，就好像我接下來會有好長一段時間再也見不到他那樣。
2. 要是我今天開車塞在路上，或發生了什麼不愉快的事，我會化沮喪為讚美。因為今天能發生的最糟糕的事，就是擁有美妙的一天。
3. 今天，我會寫下二十五件讓我感謝的事。藉由這個方式，我會更珍惜我的人生，並讓自己感到更加富足。與其在等候時枯燥無味地打發無意義的時間，今天，我會好好利用這些停頓的片刻，去回想讓我感謝的人事物。如此一來，今天所有的等待時刻，都將成為上天的贈禮。
4. 眼前的今日會變成什麼樣子，完全取決於我如何利用它。今天我會下定決心，將眼前的這一天視為一個難得的好機會，並好好地使用它。我將視今天的每個時刻為生命的養分、每個際會都是上天的贈禮、每一分鐘都是大好良機，和我深愛的人相處的每一秒都是奇蹟。

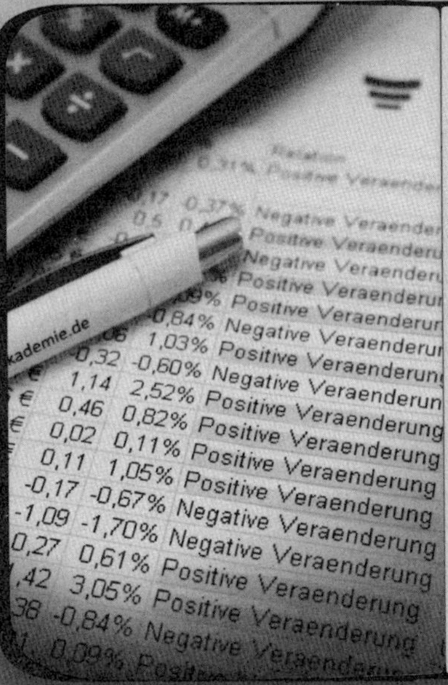
kademie.de
1,14 2,52% Positive Veraenderung
0,46 0,82% Positive Veraenderung
0,02 0,11% Positive Veraenderung
0,11 1,05% Positive Veraenderung
-0,17 -0,67% Negative Veraenderung
-1,09 -1,70% Negative Veraenderung
0,27 0,61% Positive Veraenderung
3,05% Positive Veraenderung
-0,84% Negative Veraenderung

贏家心態

4

贏家心態 4

專注在能帶來收入的活動

很久以前，有位學徒和師傅談到工作及成果，有個問題特別讓學徒困擾：究竟決定收入高低的關鍵是什麼？

師傅指向一棵樹，問學徒：「這是什麼？」

「一顆無花果樹。」學徒答道。

師傅繼續問：「它有結果實嗎？」

學生對這個問題有些疑惑，但還是回答道：「沒有，雖然現在是夏天了，但它並沒有結果實。」

師傅接著說：「那這就是一棵沒有用的樹，沒有權利繼續留在我們的花園。請將它連根拔起。」

是誰決定了我們的收入？對於誰才是最後付給我們報酬的人，許多人有著錯誤的想像——答案是需求者。以另一種方式來說就是市場，我們的報酬取決於我們對市場的貢獻。

雖然總有人聲稱自己的價值遠高於目前的收入，此時就看你能否證明這是事實了。事實上，市場付給每個人的正是他的價值，而你究竟值得獲得多少，只有你能決定。

報酬是由「能帶來收入」的活動組成

以經濟價值為例，經濟價值總是與任何形式的成果有關。畢竟有成果產生才有人願意付費，沒有人會願意為沒有成效的好意幫忙或失敗的嘗試付費，「我很抱歉」及各種失敗的藉口，皆無法獲得報酬。二十世紀以保險業致富的美國企業家W．克萊門特．史東曾說：「職業使然，我已經習慣只以人們達成的結果來評斷他們。成果比任何優美的詞彙都更有說服力。」

你想賺更多錢嗎？那就必須達成更多成果，才能提升自己在市場上的價值。前往這個目標最好的方法，就是專注在「能帶來收入」的活動上。

早在十九世紀末，義大利經濟學家帕雷托就發現到：人們八〇%的收入是來自於二〇%的活動。這表示許多人浪費了八〇%的時間，或至少沒有真正有效運用這些時間。

那麼，究竟是哪些魔法般的二〇%時間，能為我們帶來八〇%的成果呢？有多少登門銷售的業務員最終成為消費者客廳裡的小丑，只因不敢提出關鍵的訂購問題？有多少員工花費大量時間，只為了打造更完美的檔案系統？還有多少老闆，將時間花在其實是員工該完成的工作？做這些事的同時，犧牲的正是去做能真正帶來營業額和獲利的工作的時間。

贏家會將八〇%的時間，投入真正能帶來收入的活動，這正是他們有效提升生產力的原因。

每份工作都有一些決定性的任務——這些少數的特定任務，正是影響最後收入的關鍵，值得我們投入全副專注力。令人驚訝的是，能帶來收入的任務經常不太困難。你甚至能斷定，贏家其實對異常困難的任務不太在行，卻十分拿手於一些特定的簡單任務。其中最重要的就是：贏家真的會採取行動！

你是否也在不斷自問：如果想賺更多錢，我必須更常做什麼？不論答案是什麼，去做！

究竟是什麼，阻礙了多數人將八〇%的時間投注在能帶來收入的活動上？是對失敗的恐懼。

失敗有兩種原因：一是我們犯了錯，且我們本身就是失敗的關鍵；二是我們無法達成預期的成果，但原因不在我們，而是這根本是不可能做到的事。仔細檢視這兩項造成失敗的原因，不論哪一項，對許多人來說，都需要莫大的勇氣來承擔。因為通常多數人都認為失敗是不可改變的。

失敗的存在，就像冬天之於四季

讓我們先從「原因不在我們身上」的失敗開始。這樣的失敗是自然法則中的一部分。接下來的故事，將解釋為什麼我們不該為這類的失敗感到沮喪。

狐獴生活在地底深處，因為那裡十分溫暖舒適。然而，很久以前狐獴之間曾流傳，其實地表的生活更為美好，但也更加危險。大家想一探究竟，於是派了一隻狐獴去地表偵察。

當偵察兵抵達地面，將頭探出地洞時，牠看到了畢生最駭人的景象。那時恰好是一個冬日早晨，暴風雪挾著滿滿的冰霜和雪花往小傢伙臉上襲來——這可不是牠想像中的地表生活。牠一溜煙地鑽回地底，跟族人稟報剛剛那幕足以致牠於死地的景象。

不過，由於地表景色無比美麗的傳言是那樣盛行，七月時，大夥集體決定再次派出偵察兵去地表查探。而這次的偵察兵，看到的是與前一次截然不同的景象。陽光煦煦、鳥兒輕啼、蝴蝶翩飛、周圍遍布青草香氣，小狐獴不禁展開小肚子，讓陽光溫暖地照著自己。隨後，牠快速地鑽回地底，熱情洋溢地回報地表的美好景色。

這下子，大家不知道究竟該相信誰了。究竟地表是冰雪遍布，還是有著溫暖的陽光和芬芳的青草？在一個秋天的日子，以及六個月過後的春季，狐獴都分別派出偵察兵前往地表勘查。當然，得到的消息又是相互矛盾的。於是，完全被弄糊塗的狐獴族群，決定不冒任何風險，好好地繼續在地底生活。

這個故事想表達的是，每份工作都有四季。有時像夏季，所有事都進展得很順利；有時像冬季，這時經常沒有一件事順利。也可能有雖然投入很多，卻只獲得了少少成果的時候。

有人天真地認為能找到一份永遠只有夏季的工作。然而，如同大自然中冬夏總會交替，商業環境中也會交織著順遂與不那麼順遂的時候，這是放諸四海皆準的通則，各行各業亦然。千萬別認為世上哪個地方會有例外。

贏家會欣然接受冬夏會不停交替的自然法則，藉此學習與逆境相處。希望你別讓自己被冬季擊垮，要知道，沒有冬天會永遠持續下去。**請別將冬天視為個人的失敗，請認知到這只是自然法則的一部分。**

確保安全的關鍵：SINALOA

每次成功背後的SINALOA都相當重要。SINALOA是一個句子的縮寫：Safety In Numbers And Law Of Average，意思差不多是：安全的祕密，就在數字及大數法則之間。

拿起一個骰子並只擲出一次，擲到哪個數字完全是運氣問題。即使擲出十次，也同樣是運氣問題。但累積到一百五十次，大數法則就會逐漸形成。隨著擲出的次數越多，每個數字出現的機率越會趨於平均。

事業上的成功不該取決於運氣。因此，想確保成功只有一個方法：行動的次數越多，就將形成大數法則。隨著次數增加，你將漸漸能掌握這項活動。不論在你的工作中「能帶來收入」的關鍵任務是什麼，你都必須更常去做，這才是保證成功唯一有效的方法，其他都像是賭博遊戲。

不停犯錯，也表示正不停成長

另一個讓許多人卻步，不敢更常去做能帶來收入的活動的原因，是害怕犯錯。

這也是為什麼我們應該正確認知「犯錯」本身的意義：犯錯是成長的重要基礎。犯錯並不丟臉，只要你犯的是「新」的錯誤。我們應該從每個單次的錯誤中學習，並盡可能不重蹈覆徹。

只有什麼都不嘗試的人才不會犯錯——這才是我們面對新犯的錯該有的心態。因為只要去做，就不可避免可能犯錯，也因此，犯錯正是努力學習的象徵。由這個觀點來看，犯錯其實是好事。

ＩＢＭ創辦人小湯瑪士．華生有次被問到，如果想在ＩＢＭ集團裡被拔擢升遷，究竟要做到哪些事。華生回答：「他要做的是將自己的錯誤率提高一倍。」華生明白，能拋開犯錯與被拒絕的恐懼的人，才能開啟更多能帶來收入的活動。

尤其，在想創造特殊成就的路上，人更容易犯錯。如果因害怕犯錯或出糗裹足不前，就無法達成偉大的成果。

成功能帶來肯定與財富，錯誤則不然——至少剛開始是如此。但錯誤卻對我們的成長有著關鍵影響，因為錯誤會帶來經驗。更多的經驗能幫助我們做出更好的決定，而這又能為我們帶來新的成功。

因此，以個人成長的觀點來看，犯錯與成功是一樣重要的。一個從來不犯錯的人，正是剝奪了自己學習及繼續成長的機會。

贏家能分辨什麼是能為自己帶來收入的活動，並盡可能投注最多的時間在其中。贏家相信SINALOA，即便不喜歡犯錯和失敗，贏家也絕不會讓這種心態阻止自己前進。

富足人生練習 4

透過實踐下列步驟，今天我會實踐更多能帶來收入的活動：

1. 藉由回想自己是如何度過昨天，我意識到，沒有妥善規畫「能帶來收入的活動」，就無法為生活帶來明顯的改變。我會問自己：對那些能影響我收入的關鍵領域，今天我能多做些什麼？
2. 我會在我的工作項目中，找出自己需要在一星期或一個月內做多少「能帶來收入的活動」才能獲得成功。一旦找出這個數字，我會下定決心在接下來的三個月，按照SINALOA這個方法工作。
3. 如果我剛經歷了一個順利的「夏季」，我知道「冬季」即將來臨。我知道正是因為自己先前的努力，得以收穫夏季的事事順利，這也正是我現在加倍努力的原因。我下定決心，在達到目標前，絕不會讓「冬季」阻礙我前進。
4. 為了順利度過冬季，我必須做好充分的準備。我下定決心，每天都要讀《贏家心態》的一個章節。除此之外，為了讓自己持續進步，我決定參加讀書會。

贏家心態

5

贏家心態5

讓自己撐得起更大的夢想

從前從前，有個宮廷小丑一覺醒來後，突然無比渴望獲得一個更好的人生。他想擁有更多財富、體驗刺激的旅行及奢華的生活。然而，他最最最想得到的，是眾人的尊重。

一直以來，他總在忍受大家指著他說：「看，那邊那個小丑。」在未來的人生中，他希望自己能獲得所有人的尊重。

他向國王稟報了自己的請求，國王也答應了他：「小丑，多年來你為我帶來許多歡樂，因此我願意成全你的願望，並贈與你可觀的財富。」

小丑開始享受自己獲得的好運，立即住進了名貴的房子並開始享受美食。然而，關於尊重，他卻發現身邊的人都只是假裝尊重他罷了。對大家而言，他仍是一個小丑——只不過變得稍微有錢了一點。除此之外，他揮霍財富的速度飛快。

於是，小丑向國王的顧問提出自己的問題。只見顧問笑著搖了搖頭，指著一個玻璃酒杯和一個裝滿酒的陶甕：「我無法將整甕的酒倒進玻璃杯裡。玻璃杯太小了。就如同你的性格比你的願望小多了。國王雖然賜與你財富，但你卻沒能力將財富留住。」

╱

從「小」開始，才撐得起更大的夢

想讓事情變好，必須先從自己開始。

我們都認識那種一直在等環境變好，好讓他們能成功的人，或至少讓他們願意「開始」努力。然而，不是環境沒有改善的可能，而是他們無法抓住機遇。只要他們的性格還「撐不起」有利的環境，環境就不會為了他們持續變得更好。

想讓環境改變，自己必須先改變。這就像在學校學習，大家都是從一年級開始，再進階到二年級、三年級。這是一個相當聰明的系統，背後的原則便是：如果我們變得更好，就能接著玩更大的遊戲。

或許有人會這樣想：「給我一千萬，從此我就不會再為錢煩惱了。」錯，請回到一年級。人首先該學的是掌握自己當前的情況。首先，我們該學的是如何存下一千元，並拿它來投資，接著是一萬元，然後才是更大筆的錢。

將所有希望寄託在能遇上更好的環境，無法讓自己變得更好；運用當下擁有的資源創造出最棒的成果，才可能讓自己變得更好。探討自己是否有能力去做某項工作，通常不會對事情有什麼幫助，只有開始積極嘗試去做，才可能成為把那項工作做好的人。

如果你已經「夠格」去做某項新任務，很可能它對你而言已經太小，你已無法從中獲得任何的成長了。

作品將塑造我們

如果要你舉出一個成功人士，你通常會同時想起讓他成名且變得偉大的作品。愛因斯坦因物理學理論而偉大，德國傳奇名將碧根鮑華因足球界的功績而偉大，甘地因和平解放印度而偉大，德蕾莎修女則因救援工作而偉大。不論你想到的是哪個著名人物，他們都是透過他們的作品而成為偉大的人。

改進自己最有效的方法之一，就是透過我們的作品成長。如果你想要更好的生活，就應該盡快開始努力工作。雖然一開始不見得能做對所有的事，不過只要繼續努力，不讓自己被挫折打倒，那就不算太糟。成功能讓我們更富有，而失敗能讓我們成長。

《聖經》播種者的五個啟示

也許你還記得《聖經》中播種者的故事。

播種者勤勞播下手上的穀粒，卻不是所有穀粒都能成功達到他預設的目標。有些被鳥兒吃了，有些長到一半乾枯了，還有些穀粒，還沒萌芽就直接被雜草扼殺了。這個故事有五個重要的啟示：

1. 並非播下的所有種子都會發芽。必須辛勤播種，正是因為不是每顆種子都會成功，因此不該將希望寄放在單一的穀粒上。
2. 不要將主要注意力放在敵人身上，而該放在自己的工作上。一心只想消滅敵人的人，永遠抵達不了自己設定的目標。請記得：成功的人路上一定永遠有許多敵人，這是自然法則——到處都有野鳥及雜草。但聰明的播種者仍會持續播種。

3. 先使出全力並勤勞播種才可能有收穫，先工作才會有獎勵。宇宙會獎勵勤奮向上而不是滿口藉口的人。我們常見到試著想把這項自然法則顛倒過來的人，但按照這種方式生活，是無法得到長遠的幸福的。

4. 保持耐心。成長需要時間，才播種兩天是不可能收穫作物的。光是努力工作不夠，還必須有耐心才能看到成果。

5. 要怎麼收穫，先怎麼栽。不論好種子、壞種子，都會跟著我們一輩子。因此，我們必須注意自己播下了什麼種子，別忘了，種子可是會發芽的。

成功的六大阻礙

為什麼成功的人那麼少呢？要知道，想成功沒有比在現代社會裡更好的機會了。世上有六種足以將成功從發芽初時就摳熄的阻礙，這也正是不是所有人都能創造同樣生活條件的原因。這些阻礙都發生在個人的內心，外界很難對此有太大的影響力。

1. **驕傲：**你是否也曾遇過一種人，對任何事的答案都比問題多？如同歌德曾經說過：「很多人都想成為某種人，卻沒有人真的想成為某種人。*」想要成長，我們必須先像學生一樣學習。

2. **無知：**不管出於什麼原因，有許多人就是無法敞開心胸，毫無成見地接受新事物。

3. **虛榮心：**經常將自己看得太重且自尊心太高，並將精力花在讓自己「看起來」過得好，反倒沒有用在努力達成真正的成果上。過度虛榮的行為絕不是有智慧的表現。

4. **恐懼：**恐懼來自於想像可能會有什麼糟糕的事發生。這時，我們將全神貫注在自己完全不想要的東西上，這樣的景象將在我們的內心不斷重複播放，直到我們完全相信它隨時可能變成事實。

5. **自我懷疑：**很多時候我們總認為自己不夠好。會產生自我懷疑，是因為我們總是將自己和他人比較，而不是把焦點放在自己的優勢上。我們必須有系統地建

* 編按：這句話的意思是，很多人想成為某一類的人，卻往往不願經歷過程中的艱辛。

立自信心，例如寫成功日記，記下自己所有的成功事蹟。

6. **罪惡感：**許多人無法過著夢想中的生活，是因為被自私的人巧妙地利用罪惡感操弄著。如果能為自己的人生設下充實的目標，無謂的罪惡感通常就會自動消失。

上述列出的六種阻礙，我們將在書中逐一處理。但請記住，只是埋頭苦幹不一定能成功。

四種工作的可能性

我們要能辨別「對」與「錯」的工作。

所謂「對的事」，是指對你而言有意義的工作，而這必須滿足三個要件：一、你喜歡這份工作；二、這份工作與你的優勢和能力匹配；三、你能藉此幫助他人解決問題並賺取足夠的金錢。

對於每項對或錯的工作，我們都能選擇以對或錯的心態去做。其中，上述提到的六大阻礙就扮演了很重要的角色。請想想看，下列四種描述狀況哪一項最符合你的現況：

1. 以錯的態度，去做錯的事

這種組合的結果通常只能以「災難」形容，這樣的人生不僅毫無意義，也毫無樂趣。

2. 以對的態度，去做錯的事

這種情況下，雖然我們還是能達成些許自己設定的目標，但會浪費非常多時間與精力，因為在過程中我們將承受許多打擊與挫折。

3. 以錯的態度，去做對的事

這樣的方式雖然能達成一些微小成就，卻會偏離自己的最終目標。

4. 以對的態度，去做對的事

只有在這種情況下，我們才能以最適當的速度取得心裡期望的成果。這樣的敘述方式看起來簡單，卻是最貼切的。它可以讓你快速檢驗自己是否正在做「對的事」。也就是說，你現在在做的工作是否能滿足你的熱情，且符合你的才華？你是以對的態度在工作嗎？如果你正在做對的事，卻沒有抱持對的態度，現在該是你想想是否該做點什麼改變的時候了。

請千萬不要讓驕傲、無知、虛榮心、恐懼、自我懷疑，以及罪惡感這六大阻礙，妨礙了你前進。

很多人永遠都在批評與埋怨。他們總說著世界有多不公平，卻邊抱怨邊以錯的態度去做錯的事，甚至還想收穫自己根本沒有播種的東西，可說是完全忽略了自然法則。

贏家絕不會浪費時間奢望身邊的環境自動變好，絕不會浪費時間去嘗試改變他們無法改變的事物，當然也不會把時間浪費在發明各種新藉口。贏家很清楚，只要自己帶著極大的熱情投注於對的事，周遭環境自然會變得更好。

《天地一沙鷗》作者李察．巴哈曾說：「在我們生命的一開始，每個人都有一塊大理石原石，以及雕琢原石所需的工具。我們可以選擇一輩子帶著這塊原石不加以雕琢、可以選擇將它磨成碎石礫，也可以選擇將它打磨成有著瑰麗形態的大理石。」

過得成功、快樂，是我們生來被賦予的權利。我們絕不能讓成功的六大敵人阻礙自己往這個目標前進。然而，願望無法讓我們變得重要、富有，或有影響力，只有努力打造出偉大的作品，才能有所成就。沒有什麼能比朝著明確的目標努力工作更能帶來成功。贏家相當清楚，他們的天賦和才華，絕對會讓自己在世上站穩一席之地。

富足人生練習 5

我想成為心理素質更強健的人，因此，我將透過下列步驟持續成長：

1. 我會把自己的工作，或我現在工作的公司，視為能幫助自己成為擁有更強大心理素質，並獲得更好的環境的媒介。因此，我會投注全副心力及熱情在這份工作上。我會用盡全力，讓我能透過自己的作品，成為一個舉足輕重的人物。
2. 我不會犯下相同的錯誤，並將從錯誤中記取經驗。為此，我會開始寫「認知日記」，記下所有從自己的錯誤——以及他人的錯誤——中學到的經驗。
3. 我會開始閱讀對個人成長有幫助的文學作品。我會將平時看劇的時間拿去閱讀，並至少花一個小時閱讀非小說類的書籍。
4. 我知道一路上一定會經歷失望。因此，我更需要有動力讓自己前進，動力來自於明確的目標與自信，這是他人無法長期給予的。我會問自己：「當我達成一個值得努力追求的目標時，誰會獲益最多？」並以紙筆記下我的回答。
5. 今天，我會在成功日記上寫下五件我做得很好的事。

贏家心態

6

贏家心態 6

放膽去做！

一九六〇、七〇年代，是愛迪達運動鞋風靡全球的時刻。放眼世界，沒有其他真正的競爭對手。

然而，當時幾個年輕人成立的一家運動鞋公司，注定日後將成為企業巨擘愛迪達可敬的對手。這群年輕小伙子在家人的反對下組成了公司，所有人都認為他們的計畫毫無勝算，並大肆批評、嘲笑他們。成立一家公司已經十分艱難，家人強大的反對聲浪，更是幾乎耗盡他們的最後一丁點力氣。

有天，年輕人圍坐一起，試圖想出能讓這些口頭上的惡意攻擊全部停止的方法。苦惱了好一段時間，他們左思右想，仍想不出任何辦法。

最後，一位男孩站起來說：「隨便他們怎麼說好了，我們就放膽去做吧！（Just do it!）」其他人隨即同意他的說法。他們根本不該被太多他人的意見左右，應該更大膽地去做，別顧慮那麼多，直接放手開始做。Just do it.

這三個字對他們的巨大啟發，讓他們決定用這三個字作為公司標語，在T-Shirt上大大地印著：「JUST DO IT!」並在工作時也穿著。

世上充滿了未能充分發揮潛力的人，因為他們沒有學會如何為自己展開行動。世上也充滿了知道如何行動，卻從未放手去做的人。對此，蘇格拉底有著相當嚴格的標準，他曾說：「對於那些其實有能力做得更好，卻沒有真的去做的人，我稱之為懶惰之人。」

知識是一種潛在的力量，只有在被懂得發揮它效力的人掌握之後才有價值。**贏家最大的才能，正是他們擁有能激勵自己展開行動的能力**。

許多人都深受「瀑布症候群」所苦。

這些人縱身躍進了生命的河流，卻沒有選定方向，於是讓自己隨波逐流、載沉載浮，而無力感更使得他們選擇什麼也不做。直到有天，發現自己離下方的瀑布已經不到幾公尺才醒悟。但此時，向下墜落已然成為不可避免的結果。

越早開始行動，達成目標對我們來說就越容易。如果不開始實踐什麼，也不打算做任何努力，即便了解全部的贏家心態也毫無價值可言。在平靜的河水中漂浮發呆確實很誘人，但如此一來，只是虛度了自己的人生。

很多人對自己想擁有什麼物品相當清楚，卻不知道自己想做什麼事，以及想成為什麼樣的人。

常見的藉口

我們應不時問問自己這些問題：

1. 你是否因害怕犯錯而一直拖延某個行動？你是否害怕出糗？
2. 是否有什麼是你一直認為「現在時間點不對」，而遲遲沒有去做的事？
3. 你是否認為自己需要有更多的準備，才能去做那件事？或許是更多的知識、更多的經驗，或更好的基礎？
4. 你是否認為好機會只有一次，因此不應該太早遇見這個機會——因為此時你可能還「不夠好」？
5. 你是否認為外部環境需要先有些改變，才能去做這件事？

6. 你是否認為自己的夢想不切實際？

我們必須嚴格檢視這些問題是否都只是藉口——只是我們允許自己不行動的理由。不去做的人的說法總是那樣。你其實清楚知道：**最適合的時間點就是現在**。

一旦我們開始積極行動，很多問題自然會找到適合的解決辦法。世上不可能存在完美的方法，也不會有完美的人或完美的時機。因此，贏家總是遵循「盡可能快速」的原則。

所有偉大事物都是從小處開始的，所有成功，都是由一開始犯下的錯誤點滴累積而成。犯錯正是往後做出正確決定的基礎，讓心理素質更加強大的根基。犯錯是好事。

不完美的開始，絕對好過為了追求完美的拖延。對真正偉大的事物，我們永遠不可能做好準備。只有開始，才能學到必要的經驗。**最好的「準備」就是直接去做**。

然而，我們多常聽見人們說：「等我哪天比較有體力，我就會開始慢跑。」錯！只有開始慢跑，你才會有體力。「只要我得到一份值得努力的好工作，我就會開始奮發工作。」錯！只有先奮力工作，你才能得到值得的好工作。

實踐帶來聲譽

穀倉裡停放著兩張犁，一張有點生鏽了，另一張則散發著美麗的光澤。生鏽的老犁有點嫉妒地看著發光的鄰居，開口問道：「為什麼你看起來燦爛光亮，我卻看起來醜陋又一文不值？一點都不公平。世界應該更公平一點。」發光的那張犁回答道：「我身上的光芒全是因工作而來。」

現今人人都在討論社會正義。的確，這個世界還有很多要改善的地方，但社會正義絕不該被濫用。如果社會上部分人民即使能自食其力，卻期待讓他人來養活他們的話，是絕對不可接受的。這不僅是在偷取真正需要幫助的人的資源，也剝奪了他們自己的未來。仰賴他人只會讓自己更加弱小及不幸。

對所有有工作能力的人來說，世界的原則是「**付出多少，獲得多少**」，否則將淪為形式上的齊頭式平等。齊頭式平等相當於在懲罰那些推動著整個系統運作——也就是真正放膽去做的人，也將懲罰到那些真正需要幫助的人。

對還無法自食其力的人來說，在目前多數情況裡，我們提供的社會資源確實有待改善。只讓一個人餓不死是不夠的。社會正義的發展程度，應該以弱勢群體的生活品質來衡量。

贏家心態

如果你只打算大略翻過這本書的話，那抱歉，這本書無法為你帶來你所期望的結果。此外，就算你將書中的每個章節倒背如流，恐怕也無法帶來太多改變。

你必須行動！

你必須將每個心態融入生活，且每日不停地練習。各個章節的〈富足人生練習〉正是你能採取的行動，能幫助你建立習慣，同時也是這本書和你之間的橋梁，更是通往更美好的生活之間的橋梁。

請每天閱讀並執行書中的一個章節。在完成所有〈富足人生練習〉後，再從頭練習一次，但可以跳過那些你已相當熟練，或與自己目前情況沒什麼關聯的部分。無論如何，請採取行動，真的在生活中實踐它們。

與其思考是否該完成所有練習，比較好的方式是先挑一個練習去做，並徹底實踐它。請選出一個你今天願意實踐的練習。對今天的你來說，絕對有一個練習是比其他練習更重要的。總之，重點就是去做！記得嗎？世上已經有太多浪費自己天賦和才華的人了。

《贏家心態》中的法則，大部分已存在世上數千年之久，各時代的贏家都依循著同樣的法則行事，但至今，可能尚未有人能將全部的法則融會貫通。這是為什麼呢？

首先，隨著成長，我們將不停遇上更進階的挑戰。除此之外，一旦開始著手練習贏家心態——我的意思是真正開始去做些什麼後——通常會發現自己還有更多能發展的領域。因此，要是有人聲稱自己對這些內容「早就知道了」，可說是一種近乎可恥的狂妄。

每個人學習的方式不盡相同。將練習過程記錄在書裡，對某些人來說有很大的幫助；有些人則喜歡另外將過程記在筆記本上，並畫出格子來追蹤進度。如果你也想以這種方式開啟練習的話，請務必也將練習的成果一起記錄下來。

唯一的量尺

許多所謂懶惰的人，實際上只是缺少值得追隨的目標罷了。**如果連往哪個方向跑都不知道，那為什麼要跑快一點？**

請記得，世上只有一把量尺可以測量你有多認真看待自己的練習——就是你的行動。如果你確信自己沒有很努力在實踐的話，你應該想想那是什麼原因。請捫心自問：為什麼我想達成這個目標，以及為什麼我無論如何都必須成功。

請給自己充足的時間來回答這些問題。因為能推動一個人不停往前的原因，不是知道**如何**去做要做的事，而是了解**為什麼**要做這件事。了解自己**為什麼**想做這件事的人，自然會找到**如何做**這件事的方法。

請做一本相簿，將所有夢想以圖片的方式呈現。可以從雜誌剪下圖片、從相片裡拼湊出來，或畫下來也行。請每天看看這本相簿並問自己：「裡面有哪些夢想是我想實現的，為什麼這些夢想對我來說很重要？」藉此找到能啟動自己動機的按鈕，找出推動你的動力，並將意識投注在圖像中。

義大利傳奇男高音：恩里科・卡魯索

十九世紀末至二十世紀初的義大利傳奇男高音卡魯索，從小就夢想在米蘭的史卡拉歌劇院唱歌。不過，有天他決定先把這個夢想擱置一邊，「暫時」讓自己去當一名自由巡迴歌劇演唱者。

有天，卡魯索在西西里島上遇見了一位老朋友。老朋友聽到卡魯索決定去當自由巡迴歌劇演唱者時，當場表示完全不贊同。

他對卡魯索的天賦有很大的信心，而且相當清楚老友兒時的夢想，於是他問道：「你在這裡幹麼？」

卡魯索回答：「剛不就告訴你了嗎？」

朋友反駁道：「你沒有聽明白。我想要知道，你究竟把你成名的機會浪費在這裡幹麼？」

卡魯索正在蹉跎生命。他早已不再練習。他已和生命妥協，且放棄自己曾經的目標。他落入了平庸之中，不再有自信，也沒有好好利用機會。

懷著巨大的沮喪和失望，卡魯索當晚喝了許多酒。該他上場時，他早已完全喝茫了。在舞臺上，他不小心踩到了女高音的裙擺。這一踩，扯落了女高音身上的禮服，隨即引發一陣騷動，整個舞臺也隨之崩場。

一場莊嚴的歌劇，瞬間成了一場鬧劇。

經過這一場驚嚇，他完全清醒了。在最後一幕，卡魯索努力獻上他最好的表演，唱出前所未有的高昂歌聲，宛如他就站在史卡拉歌劇院演出一般。

全場觀眾感動得全身起雞皮疙瘩。在場的歌劇評論員喜出望外。所有人心裡都有著同樣的想法——他們從未聽過有人能如此演唱。

這場演出後，卡魯索離開了自由巡迴歌劇團，啟程前往米蘭。他開始每天練習，再也沒有一天沒有努力獻出最好的表演。逐漸地，他開始在史卡拉歌劇院闖出名聲，最終成為全球巨星。

絕不要讓他人澆熄你去做你想做的事的決心。

請不要讓任何人悄悄地灌輸你「這是不可能的，你不會成功的」這種話。請你問自己：「這種人到底有什麼權利，允許他如此草率地為『不可能』這三個字下定義？」

有人認定事在人為，也有人認定事不在人為。兩種人都有道理，因為第一種人會付諸行動，而另一種人不會。

世上所有珍貴事物，都是由願意行動的人所修建或製作而成的。這些人就是那些願意直接起而行的人。贏家相當清楚，沒有什麼是比行動更重要的。Just do it!

富足人生練習 6

今天我將訓練最具決定性的能力，也就是去行動。因此我將實踐下列步驟：

1. 我會將所有眼前的任務條列在紙上，思考哪些是我今天應該完成的。
2. 今天我會審視我的夢想相簿。確認自己是否為健康、關係、財務、情感和工作這人生的五個領域都設定了目標，以及這些目標是否皆以圖片的形式呈現在我的夢想相簿裡。
3. 今天我會開始寫一本日記，用紙筆記錄書中的所有練習。以這樣的方式確保任何習題都不被遺漏，也能藉此確認進度。
4. 今天我會問自己：我是否在拖延某些任務，只因我認為現在還不是正確的時間點？有沒有可能這只是我的藉口？

贏家心態

7

贏家心態7

與壓力正確相處

從前，有位智者的學生注意到，智者總能完成令人不可置信的工作量，且從未看起來承受過大的壓力，永遠都十分冷靜、從容。

於是，學生問智者究竟是如何辦到的？

智者回答：「如果我站著，我就站著。如果我走著，我就走著。如果我跑著，我就跑著。」

學生反駁：「這不可能就是其中的祕密，我們也全都是這樣做的啊？為什麼我們做的工作比較少，卻這麼容易感到壓力大？」

智者又答道：「或許，原因就在於當你們站著時，就已經開始走了。當你們走路時，就已經開始跑了。當你們跑步時，就已經抵達目標了。」

壓力似乎成了全民禍害。

現今社會或多或少，幾乎每個人都處在時間壓力之下。所有人都同意壓力對人體不健康，這正是許多人試著擺脫壓力的原因，卻幾乎沒有人理解壓力的真實面貌，於是形成了許多誤解及迷思。壓力瞬間成了現代的怪物。

以下列舉三項對壓力最常見的迷思：

1. 壓力使人生病。
2. 過多的工作會產生壓力。
3. 人們應該設法避免壓力。

這三種說法都不盡正確。

壓力是健康的

讓我們從「壓力使人生病」這個說法開始討論。

首先，壓力事實上在剛開始出現時是健康的。壓力來自於細胞內部的平衡失調，此時身體會釋放壓力荷爾蒙適時調整失衡，讓身體功能再度恢復平衡。這個現象既可以帶來正面影響，也可以帶來負面影響，差異來自於劑量及受控程度。

這就如同蠟燭型態的火是好的，它是人類製造出來、有用的火。但火燒屋的火是不可控制而且不好的火。只要能夠正確、有用地使用壓力，不要讓其失控，那麼壓力就是健康且有益的。

控制好自身思緒，壓力就無法對我們產生影響

「過多的工作會產生壓力」這個說法同樣也是錯的。

大量的工作不一定會導致壓力。外在環境不會形成壓力，是人面對環境的方式才會形成壓力。最終該為自己的壓力負責的不是工作，而是自身處理工作的方式。

傳說中，甘地直到年屆七十，仍能每天完全無礙地工作十六小時，而且一點也不覺得有壓力。這究竟是如何做到的？祕訣就在於專心致力在單一任務。真正的天才都是能將全副心力專注在處理單一事件的人，且在完成後能將任務徹底從記憶

裡刪除，再接著專注於下個任務。

很久以前，有兩位僧侶遊歷四方，在路上遇到了一位美貌的女子。女子站在一條湍急的河流前，若無人幫忙就無法渡河。其中一位僧侶沒多想便立即上前，將女子扛上肩渡河。隨後兩位僧侶安靜地繼續前進。過了好一陣子，另一位僧侶才出言斥責道：「我們都是發過誓不近女色的僧人，你怎能輕易就將一個女人放到肩膀上呢？」此時，第一位僧人答道：「一個鐘頭前，我就把那位女子放在河岸的另一頭了，但顯然你到現在還扛著她呢。」

很多人都無法控制自己的思緒。

在試著解決手上的問題時，又無法克制地想著昨天好像忘記的某件事、等下要做的、還有再接下來要做的事。紊亂的思緒宛如一場不受控的大火。

如果想將壓力化為正向的動力，我們必須先控制自己的思緒。我們應該將全副精力灌注在當下。透過練習，刻意全神貫注地集中注意力，人人都能掌控自身思緒，培養出這樣的專注力。當然，可能沒有人能做到無時無刻專注於當下，但贏家早就習慣於時時鍛鍊自己的專注力，並致力於將這項能力發展到極致。

注意肩膀及下顎

最後，第三個說法——人們應該設法避免壓力——這一點也不正確。畢竟人不可能避開壓力。任何想這麼做的人都會發現，越逃避壓力反而越會對微不足道的小事走心，然後更快地承受過大的壓力。想避開壓力絕對會得到反效果，只會更容易讓自己感受到壓力。

人生不可能沒有壓力。我們該學習的是如何與壓力相處，以及如何接受壓力。一個經常傾聽自己心靈的人，會在壓力開始呈現負面狀態時即時察覺。

身體會在這種情況下出現兩種徵狀。一是肩膀越來越「高聳」。仔細觀察任何一個處在高壓下的人，你將發現這個人的肩膀高度會比他平時處在放鬆狀態時，高出整整五公分。

第二個跡象是緊咬的下顎。經常長途駕駛的人特別需要注意這點。人在放鬆狀態時，下顎會微微鬆開向下「懸掛」。如果有人以近乎可以產生肌肉痙攣的力道緊咬牙齒的話，這人應該要馬上去休息一下。通常五分鐘的休息就足夠緩解症狀。請心平氣和地找個地方躺下，並將注意力集中在吐氣上，隨著每次吐氣都將肩膀再往下沉一些。你將在練習時同時感受到緊繃的狀態逐漸鬆開，下顎也會逐漸放鬆。

處理壓力的二十四項規則

處在控制之下的壓力其實是相當正面且健康的力量。下列的幾條規則將有效地幫助你，即便擁有多項任務，依舊能冷靜且輕鬆地完成它們。

1. 最重要的規則：全神貫注在你手上正在處理的任務。如果你在吃飯，那就專心吃飯（不要一邊吃飯一邊閱讀）。絕對不要同時執行兩樣或三樣任務。快樂的祕訣就在於，全心全意地處在我們所屬的當下。
2. 請放慢速度。決定什麼樣的工作節奏對你來說才是最舒服的。
3. 請為生命中最重要的事挪出足夠的時間，計畫好你的每一週及每一天。
4. 請不要在行事曆裡塞入太多任務。處理過多事務的人，最後只能反應而無法處理——就像是膝反射一樣。
5. 請學著封閉自己。即便是最值得敬愛的人，有時也可能成為帶來壓力的人。「請勿打擾」這張掛牌不只適用於旅館的門上而已。
6. 請預留足夠的時間，讓自己能準時。急急忙忙正是壓力的始作俑者。
7. 請避免給自己過度的野心以及近乎完美的要求。

8. 達成預定成果時請容許自己開心。請給自己一點休息的時間並好好地慶祝，允許自己對此感到滿意，並對身邊的人表達感謝。請盡情享受這份美好的感受。

9. 請不要期望自己能一直成功。請接受生命有夏、有冬，有高山也有低谷。

10. 請不要把自己看得太重要。如此一來就沒人能讓你失望，你也就不會老是很快地覺得被冒犯。如果勝利與失去、褒揚與責難都無法讓你失去冷靜，那麼你的內心就擁有了真正的平靜。

11. 為未來懷抱過多不必要的擔憂，只會影響你的注意力及造成壓力。你需要將全部精力投注在當下。

12. 請保持整潔。當一個人的工作桌上只有一件事要做的時候，就有更大的機會能全神貫注於這項工作上。請在進行下一項任務之前，先將桌面整理乾淨。

13. 請學著去享受手上正在做的工作的全部細節。當我們放鬆地試著要做一些好事時，快樂就會自然而然地產生。不論你手上正在做什麼，請全心全意地投入，即便是例行工作也能變得相當有趣。

14. 請設定好休息時間，並遵守這項休息時間。如果你現在心裡想著自己才沒有時間休息的話，就代表你真的需要好好休息一下。

15. 請採取行動並掌握方向，但也允許事情順其自然地發生。想時時刻刻控制一切必然會產生壓力。

16. 如果有過多的待辦事項，請先將所有未完成的任務都寫下來。多數時候它們並沒有像看起來那麼多。請按照優先順序將這些項目一一完成。

17. 委派任務。請問問自己誰能幫你分擔這些工作，練習分派任務以及責任。也請給其他人犯錯的機會——你不需要一個人獨立完成全部的任務。

18. 你需要一個完全按照例行公事安排好的一天。規律的行程能幫助你保持內心的平衡。

19. 請時不時允許自己胡鬧一下。大笑能釋放內心的壓力。笑口常開的人才是世界的王者。

20. 如果你是「成果取向者」，請偶爾從事一些沒有特定企圖的活動。不是所有你在做的事都要有意義才行，請享受一下輕鬆做事的感覺。

21. 請避免陷入太容易被人聯絡到的陷阱。有些人認為，能偶爾把手機關機是個相當大的成就。或許比起偶爾關機，偶爾開機甚至更好。

22. 請當自己的活動公關。好好享受休閒時間、人際關係，以及生活的樂趣……請好好投資自己的身體健康及情緒健康。

23. 請每隔一段固定時間為自己安排一天「廢物日」。距離上次你整天賴在床上是多久以前了？

24. 請不要試著一口氣貫徹所有規則——這也未免太有壓力了。

平靜與放鬆才是我們的正常狀態。只是我們的心思卻習慣像隻蚱蜢一樣，老愛在每個想法間跳來跳去。我們要做的是掌控自己的思緒，而不是讓思緒掌控我們。要做到這點有許多方法。

然而，也許這些方法中，最有效的還是最古老的祈禱方法，也就是靜心。這是一種刻意的靜止狀態，也是一種和大自然連接的方法。所有方法的目的都是要抵達更高的意識階層。

多數現代人或許難以相信，世上還存有所謂更高等的智慧。然而，即便是這樣的一群人，也能在受到良好的諮詢之後，學習使用這些能贈與人們寧靜與祥和的方法。不論你的信仰為何、擁護何種世界觀，每個人都能將這些方法融入為生活的一部分。這是歷史上長久以來都難以被取代的方法。

富足人生練習 7

今天，我要訓練自己與壓力相處的能力。因此我將實踐以下練習：

1. 只要電話響起，我就會把這當成是提醒我注意肩膀及下顎的警訊。只要我注意到任何緊繃的徵狀，我就會立即深深吐氣，同時下沉我的雙肩。我會重複這個動作多次。
2. 今天吃飯的時候，我將完全專注在吃飯這件事。我會點上一根蠟燭、在餐桌上擺好花束、播放輕音樂，並給自己足夠的時間用餐。我將好好享受這次用餐的時光。
3. 今天我會給予我所有的談話對象百分之百的注意力。我會注意他們說的話以及說話的樣子。我會用心觀察他們的臉部表情，試圖理解他們為何有這樣的訴求。我將盡全力地了解我的談話對象。
4. 我會從〈處理壓力的二十四項規則〉中，選出幾項最能幫助我保持平靜和放鬆的規則，並將這幾項規則製作成清單，掛在我能天天看到的地方。只要我在今天感受到任何負面壓力，就會立刻看向這張清單。
5. 今天我會抽出十五分鐘，安靜且舒適地坐下來，放空一切，什麼也不做。

贏家心態

8

贏家心態8

學習戰勝各種困難

前英國首相邱吉爾受邀到某大學演講時，時年歲數已高，但遠道而來想一聽自己國家時代偉人演講的民眾仍絡繹不絕。

當邱吉爾踏入演講大廳時，裡頭已聚集了數千人。系主任介紹邱吉爾是當代最偉大的英國人，將為大家帶來最重要的演講，可說是他漫長人生的智慧總結。

在滿滿的掌聲下，邱吉爾走上講臺，說出了以下這句話：「永遠、永遠、永遠、永遠，不要放棄。」

邱吉爾的一生

臺下所有人停頓了好一陣子，才領悟到演講已經結束了。當然，不是每個人都對此感到滿意——畢竟有人可是長途跋涉來聽這場演講。不過，要是對邱吉爾的生平稍微有所理解，很快就能明白為什麼演講會這麼快就結束了。

「誰要是放棄，這人就輸定了」對這位老人家而言，沒有什麼比這個訊息更重要的了。

我們會犯許多錯誤，但這並不嚴重；我們會遇到許多問題，不過這也都可以解決。但如果我們放棄，那一切就結束了。**曾放棄夢想的人，有非常高的可能會再也不敢有夢想**。而不敢再有夢想，無疑地，將再也無法生氣勃勃地活著。

很長一段時間以來，投身政界的邱吉爾並沒有獲得重視。年復一年考驗著他的毅力。而最後當他好不容易獲得提名為英國首相之時，卻又遇上了二次世界大戰。當時，有人問他怎麼能預料到在這樣艱難的時間裡，自己會是正確的人選。邱吉爾答道：「**我只知道，我一輩子都在為這個位置做準備**。」

接下來，德國以戰鬥機轟炸倫敦，數不勝數的百姓因此喪命。每個夜晚都會再次受到新的空襲，越來越多的人民死亡。英國看似已走到了盡頭。顧問群及親朋好友紛紛催促邱吉爾向德國投降，好盡快讓這場「毫無意義的謀殺」停止。

某天夜晚，邱吉爾受到了前所未有的考驗。轟炸機再次在倫敦的夜空中投下眾多致命的炸彈。邱吉爾的好友全聚在一起試圖說服他投降，指責他是在無謂地犧牲自己的人民，連最親密的好友也責罵邱吉爾儼然是謀殺人民的罪人。

但邱吉爾知道，投降意味規模更大的犧牲。於是，他揮舞著拳頭朝著暗夜中的轟炸機大聲嘶吼道：「我永遠不會放棄。絕對不會。永遠、永遠不會！」

必經的教訓

不是每個人都會經歷被考驗耐力的時刻。不過對我們全部人來說，耐力都是最重要的態度之一。從某個觀點來看，甚至可說是最重要的一項——**其他錯誤都能更正，但如果放棄，那就結束了**。一切都結束了。因此，每個人都該替自己建立起一層厚厚的羽毛，為自己培養更大的挫折忍耐力。

為什麼贏家會將挫折看作是學習？為何有時我們就是無法輕易對某些事做出決定？為何我們對某些事得不停努力爭取？對這些問題我並沒有最終的解答，畢竟，這就是生命的奧義所在。

但我們都知道，人生就是如此。我們的骨骼必須承受重量，否則骨骼就會弱化，甚至不用幾天就會斷裂。這是我們從曾待在無重力狀態下好幾天的太空人身上學到的知識。正如我們需要挫折，才能讓自己更強大。

曾經，一個年輕的男孩盯著一隻費盡力氣試圖從蠶蛹裡破繭而出的蝴蝶。出於憐憫，男孩想幫忙蝴蝶把蠶蛹打開，但父親阻止了他。因為男孩的「幫忙」很可能反造成蝴蝶的死亡。奮力通過蠶蛹對蝴蝶來說是必經的過程，這能讓牠的雙翼更為強壯。沒有經過這番掙扎，蝴蝶的翅膀便會呈現虛弱的狀態而無法飛翔。

「戰後嬰兒潮」世代

許多在美國經濟奇蹟時代貢獻過心力的男人，都曾在青少年時期經歷過慘烈的經濟危機，緊接著又因二次世界大戰被徵召從軍。這些男人都學會了如何在困苦中生活。這些一手建立起許多企業的男人隨著年紀漸長，開始將企業經營權交棒給下一代。

這個被稱為「戰後嬰兒潮」的世代，他們成長的環境截然不同。他們從未經歷過任何危機，且為了給孩子更好的生活，父母更為他們排除了所有困難。然而，戰後嬰兒潮世代接管公司之後，卻一直在做自己習以為常的行為：逃避問題與困難。他們無法勝任這些任務。林肯曾說：「長遠來看，如果你幫別人做了他們應該且能夠為自己做的事，那你就不是在幫助他們。」

困難會節節上升

人生就像階梯，我們都得在同個平臺上原地努力好一陣子。但接下來就會突然一躍向上，到達另一個正等著我們的平臺——只是這個平臺處在更高的階層罷了。

這些平臺以及它們帶來的挑戰自有其意義。它們能為我們準備好迎接下個階段，而每個階段都有它困難的地方。如果無法克服這些困難，我們就無法繼續前進。這其實是很好的安排，因若非如此，我們就不足以強大到可以進階到下個階段。

人生向來無法避免失敗。

失敗是人生的一部分，也是商業環境的一部分。我們無法改變他人，也無法改變這項自然法則。世上多數事物都是我們無法改變的，試圖這樣做只會徒增挫折。我們唯一能改變的只有自己，以及外在困難對自己的影響程度。

同樣地，你的點子、產品或提供的服務，絕不可能是無懈可擊的。世上總有人會拒絕你的產品或是點子。困難永遠不會停止出現。**每個拒絕及每個挑戰，代表的如果不是你可以放棄的藉口，就是能讓你學習及成長的機會。**困難若不是一道障礙，就是在幫助你抵達下個階段。

而它究竟是阻力還是助力，決定權就在我們身上。

有其他選擇嗎？

一個人越有活力、想走得更遠，必須克服的挑戰就會越多。

很多人刻意完全避開各種問題，因此四處尋找是否有能不為自己帶來任何失望與挫折的工作。然而，困難是邁向各種成功不可或缺的一部分，這麼做無異是緣木求魚，必定只會帶來失望。

另外，有人只想待在自己正站著的這層階梯上，因為知道越往上走，必定需要面對越多困難。這樣的人完全忽略了一個事實，只有當我們還無法勝任特定問題的時候，才會一直待在同個階梯上。這些無法被解決的問題絕不會善罷甘休，反而會不停出現在我們眼前——這些我們尚未學會的功課，會一而再、再而三地回來教訓我們。無可避免地，這會讓人感到挫敗，但與此相比，或許好好學會這一課並接受新的挑戰還比較有趣。

一些可能出現的階梯

贏家認為每層階梯都有完全不同的困難，相當刺激、有趣。贏家會迫不及待想解決更高階的問題。如此一來，才表示自己已經成長了。或許也是出於這個原因，邱吉爾才會認為只說一次「永遠不要放棄」不夠，「永遠、永遠、永遠、永遠」當時他可是這樣說的。因為他知道，每到一個不同的階層，我們都會遇到不同的困難。

例如，下面列出了在每個階層上你可能遇到的困難：

· **第一層**：你有個點子，但沒人願意相信你有能力實現，眾人紛紛試圖說服你保持「理性」。而你必須學習加倍相信自己的能力。

・**第二層：**你想自行創業，需要更多資本，銀行卻拒絕貸款給你，他們要你必須先證明自己能成功。但想成功就需要更多資金，因此你必須學會為自己的成功而戰。

・**第三層：**你的事業已經開始運作，卻沒有獲得肯定，反招來一堆妒忌，有人開始散播對你不實的言論。你必須學會忽視其他人的閒言閒語。

・**第四層：**現在你正處於一個困難的階段，和伴侶間也開始出現問題。顯然伴侶認為你沒有付出足夠的時間陪伴他／她。伴侶對你突如其來的野心一點也不能理解。你必須學會讓你的伴侶參與你的生活，並意識到只有當伴侶在你身邊時，你才能變得更強大。

・**第五層：**你的產品或服務終於迎來了一些大客戶。但這些客戶卻不付帳，讓你因此背負鉅額的應收帳款。你必須學習為不可預見的風險做準備，並建立週轉金制度。

・**第六層：**你急著追尋一個又一個的成功，但此時你的健康卻出了問題。你必須理解生活不可能只繞著事業打轉，現在正是你學習照顧生活中其他領域的時候了。

・**第七層：**你急需素質良好的員工，卻苦尋不著。你必須學著交付工作。分辨自己要找的究竟是任勞任怨的「驢」，還是能提供真正的機會的合作夥伴，這兩者有很大的不同。

．**第八層：**很長一段時間以來，你一直獲得巨大的成功，但突然間，一切都崩塌了。你必須理解沒有成功能永遠存在。站在高峰上的你，同時也站在深淵。每座高峰之後，都會迎來山谷，接著又是另一座高峰……

．**第九層：**一切都看似越來越沒有意義。你再也無法，也不願再打起精神鼓勵自己。財富上的成功也不過是暫時掩蓋了你內心的空虛。你必須去了解自己人生的意義，傾聽自己的內心，並更多地關心他人。

上述不過是你可能經歷的功課的一小部分罷了。幾乎在你還沒來得及好好消化時，下個階段的功課又會立刻出現了。人生就是如此。每當我們遇上了這樣該學的功課時，通常有兩件事相伴而來：**不是放棄，就是變得更強大**。

因此，請以正面的觀點看待這些挫折。每遇上一個困難，也意味你將更進一步，離開舊的階層來到更高的一階，夠格挑戰更高的階層了。

加速成長的方法：直接面對挑戰

世上的確有方法能加速學習和成長的過程。

贏家不會坐等難題出現，反會刻意大步往新的挑戰邁進。即便知道還有許多問題需要克服，贏家仍會選擇接手新的專案。那些讓其他人不舒服的窘境，對贏家而言反而代表了機會與挑戰。

贏家的座右銘正是：「每解決一個問題後，我們就會立即尋找下個更巨大的新挑戰。」贏家很清楚，每個更進階的任務都需要更強大的挫折忍耐力，這也正是他們不斷訓練自己處理困難的能力的原因。

或許你會好奇，贏家究竟哪來這麼多精力做這些事的？那是因為他們發現了一個有趣的現象：**在每個新任務的一開始，簡單的事都會看起來很困難，而困難的事之後卻會變得簡單**。就像練習寫字一樣，一開始學寫字的第一個小時要寫出「ㄅ」的感覺，絕對比幾年後要寫出「黌」來的困難許多。

你必須學會克服當下的各種困難。只有當你能成功做到這點，你的「堅持肌肉」才得以發展，在面對更艱困的情況時，才能比你現在以為自己能做到的程度還更輕易地克服。阻礙我們向前的不是困難，而是我們面對困難的態度。世上唯一真正可怕的敵人不是別人，而是我們的內心。

贏家永遠、永遠、永遠、永遠，不會放棄。絕對不會！

富足人生練習 8

今天我要改善自己面對困難的能力，因此我將完成下列練習：

1. 今天我絕對不會放棄。我知道放棄有各種不同的形式。但今天，不論我打算做什麼，我一定會去實踐。
2. 我會好好思考我面對困難時的心態，意識到只有我才能決定自己要如何處理難題。也許在剛開始面對困難時，我並不會打從心底歡迎它們，但仔細想想後，我就能意識到，生活中的挑戰正是足以讓我打造成功階梯的元素。
3. 我會盡快找到一個曾成功處理過類似情況的贏家，然後向他請教。
4. 我會寫下自己已經成功克服了哪些困難，這麼做能幫助我獲得面對未來的信心。
5. 我會開始寫一本日記，記下我人生中所有重要的教訓。如此一來，我才能從困難與錯誤中學習、成長。

贏家心態

9

贏家心態9

別想另闢蹊徑

有位年輕男子前來尋找智者，說自己想學習人生的奧祕。

智者請男子簡短地介紹自己，他卻花了很長時間說著自己有多成功和優秀。之後，當智者給了年輕人第一個任務時，他卻不太認同。他說自己有更好的主意，畢竟在來到這裡之前，他就已取得了一些成就。雖說這些成就是在其他領域，不過相信一定也能運用在現在的情況。

每每智者提出任何想法，年輕男子總會隨即說自己有「更好」的建議。於是智者拿起一杯盛滿的酒杯，請年輕人端著它，並拿起一壺葡萄酒繼續往杯裡倒酒。由於酒杯早已盛滿了酒，酒當然不斷地從杯裡流到地上。智者卻不因此停手，繼續往杯裡添酒，直到年輕人大喊：「別倒了，這全都浪費了！」

智者回道：「這就跟我能教給你的所有東西一樣，全都只會浪費掉，因為你自滿得就像這個杯子一樣。」

年輕人問道：「難道我至今累積的經驗，就一點用處也沒有嗎？」

智者回答：「你的思考方式造就了現在的你，並形塑出你擁有的一切。同樣的思維模式無法帶領你到達你想去的地方。請先離開吧。清空自己之後再回來，在那之後我才能教你些什麼。」

／

在你所處的領域，很可能有人已經在這個領域取得了巨大成就。你是否曾想過要認識這位前輩，並詢問對方能否給你一些建議？畢竟另一個選擇就是自己摸石頭渡河了。

請學習經得起考驗的基本功

創意是一項不可多得的優勢，卻並非任何時刻都適用。有時，我們會為了創意付出高昂的代價。

例如，在開始一份新工作時常會發生這種情況：人們經常試圖在基本事務上做出改變。與其接受一套成熟的系統並學習去駕馭它，很多人反而會試著另闢蹊徑。這看似是值得敬佩的嘗試，問題是：這麼做究竟讓我們逃避了多少真正該學習的基本工作？此時，「創意」反而成為人們不學習基本事務的藉口。

或許隨著時間演進，你能發展出不同的處理方式。但在剛接手新工作時，你不該浪費精力另闢蹊徑，而是必須全力克服在每項新工作都會遇到的新手困境。

世上沒有任何替代方法，能讓一個人不用學習基本的策略及工具。即便許多人認為基本工具幫不上忙，因為依照他們的經驗、知識，以及所處的特殊情況，他們認為自己需要與眾不同的新方法。的確，每個人都是獨一無二的，每個人的實際情況和處境也不盡相同，但這樣的策略及工具之所以被稱為「基本」，**正是因為它是每個人從事該項事務必備的基礎**。

好習慣請從一開始培養

新工作的初始階段經常被低估。

許多人認為，一開始只須先小心翼翼地四處查探就好——這卻往往是致命的錯誤。因為在剛開始的階段，正是決定分歧點的重要時刻。例行性的工作很快會出現，因此一開始就建立起正確的方式格外重要。

你一定聽過這句話：熟能生巧。事實上，這句話經常被誤解。唯有練習經得起考驗的方法，才能成為箇中好手。練習本身不過只是重複做同一件事而已。不論你練習的是什麼，最終都會成為一種習慣。練習錯誤的方式，就會養成錯誤的習慣；練習正確的方式，就能建立良好的習慣。

通常，在新工作的初始階段，你就會建立起伴你度過整個工作時期的習慣。不論你現在是怎麼做的，很大的可能將來你也會繼續這麼做。在熟悉新工作的時期，絕不是你可以輕率以對的實驗階段，這麼做將讓你養成在工作上草率及左試右探的習慣。許多在一開始以輕忽的心態面對新工作的人，只會繼續以這樣的態度面對各項工作。

職涯的幼童期、青少年時期、成熟期

一個人在職涯上會經歷許多不同的階段。首先是幼童期。小朋友往往有源源不絕的好奇心，永遠想盡可能地學習。他們不會追問這麼做有什麼意義，只會照樣模仿他們看到的一切。教導這個階段的人通常相當有趣。

一旦獲得些許成果後，接著展開的是青少年時期。青少年深信不論是什麼事，自己絕對有更好的答案。他們是聽不進任何教誨的。這個時期是相當危險的階段，畢竟，一個聲稱自己知道所有答案的人，就不會再對任何事提出問題。如此一來，他們將停止學習成長，當然也無法繼續向前發展。基於這個原因，沒人能真正幫得了青少年，他們也不想被幫助。很多人經常就這麼停滯在青少年時期，認為自己絕頂聰明，並時時緬懷過去的豐功偉業。

要解決這點很簡單：在預期的結果出現之前，我們都該繼續抱持虛心求教的態度。畢竟我們的思考方式造就了現在的我們，繼續維持同種思維模式，無法引導我們成為自己憧憬的樣子。有時遵循智者的建議才是明智的選擇，即使有時那些建議一時半刻不太容易讓人明白。

最後來到的是成熟期。此時我們再度變得樂於學習，因為我們已經認知到，無論如何自己永遠都有繼續成長的空間。我們無法解答所有問題，也永遠無法解答所有問題。即使此時的我們更有經驗，也賺取了更多的金錢，但問題不會停止出現。它只不過是晉升到另一個層次罷了。正因如此，我們將不停學習新知，培養出新的能力。

向專家請益

承襲前人的經驗，不要總想事事另闢蹊徑——這在人生許多領域都十分受用。在需要解決問題時也同樣適用。通常，你不會是第一個遇到某個問題的人。多數情況下，幾乎早有人遇過同樣的問題且順利解決，你只須翻閱書籍文獻，或諮詢有相關經驗的前輩。

同樣的策略也適用於當你必須完成一項工作，而那恰好不是你的強項。許多人遇到這種情況，會想省下請教專業人士的費用試著自己解決。這種做法常錯誤地受到大眾的肯定，還有人會以驚豔的口氣讚許道：「天助自助者，他真是個多元人才。」但這完全忽略了贏家心態裡相當重要的一項基本法則：只有專注在自己最拿手的事情上，才可能獲得真正的成功。其他領域我們都該委派給該領域的專家，讓專家去做他們最拿手的事。贏家在這點上也同樣遵循不另闢蹊徑的基本法則。

看到這裡，或許有人會想辯駁：「但如果我得請專家來做這些事的話，會花非常多錢啊。」沒錯，但如果我們能妥善運用省下來的時間，多數時候我們都能創造更多的富足，例如將時間投注在嗜好或家庭。除此之外，經過層層篩選找到的優秀專家，他們完成的工作結果，也大多比我們自己做的更為出色。

普通人習慣花時間來省錢，因此會去做許多不拿手的工作，以及過於大材小用的工作。贏家卻會以金錢換取時間，因為時間才是更有價值的資產。失去的金錢能再賺回來，逝去的時間可是一去不復返。

「模仿」是最快的學習方式

在歐洲，「模仿」的行為長期以來都備受鄙視。相較於模仿，歐洲人更想活出自己獨特的性格。如果你想讓人覺得被看不起，只須對他說：「你只不過是在抄襲罷了。」因此，對許多人而言，另闢蹊徑似乎更值得尊敬——「最重要的是我靠自己辦到了。」然而，我們並不是這個星球上唯一的存在，人類終將對第十萬次重複被創造出來的「新事物」感到厭煩，而這也無法為人們帶來真正的進展。

當然，人人都渴望證明自己是出色且獨一無二的，差別只在於程度的不同。處於幼童時期的我們，自然會模仿身邊的各種事物，藉此快速學習並掌握生存的基礎技能。同樣地，我們也該如此汲取成功人士的知識——將此視為獲得每個成功結果的基礎技能。以前人的成功為基礎建立自己的成功，是相當明智的選擇。畢竟，站在巨人的肩膀上，我們才能看得更遠。

拒絕將大師或前人的知識列入考量並融入工作的人相當愚昧。在已存在的基礎上發揮個人的獨特性，不但能獲得更好的發展，也較可能因此到達更高的境界。早在莫札特出現之前，世上已存在許多作曲家。莫札特從前輩身上學到了很多，而這一點都不妨礙他創造自己獨特的偉大作品。

富足人生練習 9

今天，我將貫徹自己行業中優秀前輩的策略，因此我將完成下列練習：

1. 我會找出我所處行業所需的基礎能力，盤點自己對這些基礎工具的掌握力。我會拿紙筆寫下一張關於我還缺少的技能的行動計畫，然後向成功的前輩請教。
2. 我將自我檢視一番，查看在生命中的哪些範圍我仍處在青少年階段。如果是，這將妨礙持續成長的需求，我會盡其所能地讓自己重新回到樂於學習的狀態。
3. 遇到問題時，我會問自己是否早有人解決過類似問題，我將向對方請教。
4. 我將問自己，今天是否曾嘗試要做超出我專業能力，或是對我而言太大材小用的工作。往後，我會請專家來協助我完成它們。

贏家心態

10

贏家心態10

積蓄動量

你是否試過阻止一部以時速兩百公里飆過月臺的火車？就算在軌道上築起厚厚的泥牆，這部火車依舊能毫不費力地穿牆而去。箇中原因就是：這部火車擁有動量。它正在行進中，擁有推進的動力，因此能向前奔馳。

一個火車頭能創造幾千匹的馬力，足以推動整列火車。但如果火車頭處於靜止狀態，卻只需一個小物件就能阻止它不小心往前滑動——在其中一個輪子的前方塞進一個擋輪器就行了。如此一來，不論再發動幾次都無法使火車頭前進。

沒有了動量，一個微小物件也足以讓一整間公司失敗。有動量的公司則會使一切自動向前奔馳，再多阻礙都不成問題。

舊習難改。一般來說，從事新工作會感到困難是因為它全新未知。在這樣的情況下，幾乎任何一個小問題，都足以讓人停滯不前。因此，請立即開始累積你的動量，越早越好。因為你永遠無法消除所有阻礙或不利於你的環境，永遠不會有完全不會出現問題的時刻。

一但建立起動量，任何問題都不足以對你造成嚴重的阻礙。面臨棘手情況時，動量正是唯一正確的道路。當我們全速前進時，任何問題或全新未知的情況，都很難成功阻擋我們。

事實正是如此。你投注在事業或職涯上的所有時間，都能幫助你建立起你的動量。你所做的每件事，若不是放大你的動量，就是減低你的動量。

開始一項新工作時，盡可能快速建立起動量尤其重要。這就像你想推動一輛停止不動的汽車，前幾公尺需要使上全副力氣，但一旦汽車開始動起來，基本上就不需要再花費太多力氣了。

我們一再看見人們因陷入四種思考陷阱，而無法建立動量：

- 我之後會試試看。

・一開始我想先投入一半的精力就好。
・我是個以結果為導向來工作的人。
・我還是先找到正確的策略再說好了。

接下來，我將說明為何這四種思考陷阱將妨礙你邁向成功及累積動量。

世上沒有「試試看」這種事

「試試看」能不能推動汽車在現實中是不成立的。要麼用盡全力推，要麼乾脆不動它。「試試看」這件事實際上是不存在的。要麼做，要麼不做。正在讀這句話的你，如果健康狀態允許的話，請麻煩你起立站好。世界上沒有「試試看」起立站好這回事，你現在要不是站著就是坐著。

那些說他們正在「試試看」的人，通常是沒有付諸行動的人。他們就好像在等著某個障礙突然出現，好讓他們能名正言順地無法去做某件事。**真正在做事的人，會期待成果出現；抱持「試試看」的心態做事的人，只會期待障礙突然出現。**

靜止的汽車這個例子清楚表達了：如果你只想花一點力氣做事，事物就不會真正被啟動。你將不會有機會發現車子一旦開始啟動，這件事實際上有多容易。你要麼在原地不動，要麼只動了一小步。投入一半的精力不會帶來一半的成功，而是根本無法帶來成功。

「以結果為導向」只會妨礙動量的累積

從事新工作時全力以赴是好事，但請不要設定太高的期望。在這個階段，取得成果不是最重要的，它可能只是幸運或不幸環境下的產物，與我們的個人能力無關。動量則不受環境影響，永遠能生產生成果。因此，請將注意力集中在累積自己的動量，而不是單一的成果上。

一個總是專注在成果而不是自身動量的人，無法充分利用機會。最典型「以成果為導向」的工作方式，就是什麼也不做地等待，直到發現了一個能輕鬆解決問題的方法。許多懶惰的人因此常用這句話作為藉口：「我是以成果導向的人。」

那些追逐成果的人看似聰明，卻一點都不了解「動量」的重要。**一旦累積的動量開始發揮作用，一般人遍尋不著的方法及管道都將自動浮現。**動量自會驅動成果，因此成果將逐一展現，而這些成果是人們之前不可能預見，也無法計畫出來的。

我反對以成果為導向的工作方式的原因不只如此。以成果為導向的人必須不斷為自己尋找動機，因此他們無法體驗那種所有事自然水到渠成的感覺。他們無法理解為何有人能毫不費力地維持「自律」，自己卻得不停掙扎。答案很簡單：「自作聰明」正是他們最大的障礙。他們剝奪了自己能長久保持積極的機會。

行動會自動產生成果。行動就是結果。持續行動是最重要的事。真正上了軌道的人要保持前進，絕對比停下來更簡單，因為動量會支持他繼續往前。

不要追求完美的策略

我們不需要完美的策略就能開始一項工作。

當然，完美的計畫毫無疑問會帶來好處。但擁有策略不是開始一項工作的先決條件。當今許多出色的企業都追隨過許多不同的策略，直到最後，才找到能讓他們成功的策略。如果你已經有個經得起考驗的策略的話，你就應該相信它，而不是另闢蹊徑。但如果你現在還沒有任何策略，也請相信自己在累積足夠的動量之後，自然會找到一個適合的策略。與此同時，請先按照前人成功過的戰略來實驗，你將找出最適合自己的一個。

贏家不會毫無作為地空等一個完美的策略從天而降，因為他們很清楚：這種策略通常會在動量中逐步琢磨產生。

你想在哪裡發展動量？

小心為上，動量是個棘手的現象。

水能載舟，亦能覆舟。許多人將自己的動量建立在挑剔和埋怨、貪吃甜食、過度消費上……假如有人開始以「嚴格的紀律」持續每天吃一塊巧克力磚，不用幾週，這個人就有了成為巧克力吃貨的動量；當他發現自己想吃巧克力的貪念大到無法克制時，可就一點也不讓人意外了。

我們應該不時嚴格地檢討自己，是否開啟了什麼有害的習慣，也該問問自己，究竟想養成哪些習慣。接下來，就是開始行動與計畫了！

動量從培養紀律開始

為了讓自己的動量維持必要的穩定，你必須為自己培養出重要的心靈肌肉：紀律。如果你想從任何一個新事業中成功，就必須掌握它的基礎，而要學會基礎就需要紀律。紀律是越常練習就越能駕馭的東西，駕馭得越好，得到的成果就越令人振奮；成果越好，就越有動量持續下去；越有動量，就會工作得越勤奮，擁有更多的動量……但一切都得先從紀律，也就是從一切的基礎開始學習。

「紀律」對許多人而言，如果按照個人喜好程度排列的話，大約是位於牙醫和拉肚子的中間。但我們需要它來幫助我們步上軌道。在動量尚未形成之前，所有的選擇都只關乎於：你要眼前的享受，還是長久的回報。

好消息是，與壞習慣間的「抗戰」不是永久的，只有在新習慣被建立起之前的過渡期需要大量的紀律。不論你覺得這有多困難，一旦維持同樣的紀律三到六週，你就算成功建立起一個新習慣，獲得了動量——這就表示要你不去做這件事，反而會比繼續做下去更困難。這項剛開始必須以鐵的紀律才能維持的活動，卻衍生出了樂趣。

紀律的三個階段

但為什麼有人會在好幾年之後，突然中斷了一個好習慣？正是因為上面的說法並不完全正確。事實是，我們永遠需要一點紀律——至少會時不時需要它來幫忙——即便我們已經完全處在動量之中。

紀律總共有三個階段。請想像一下，你雖然討厭慢跑，但還是想培養每天慢跑的新習慣：

- **第一階段**是起始階段。大約需要三到六週的時間醞釀而成。這段時間通常我們得不停掙扎，好讓自己能振作起來去慢跑。
- **第二階段**你已經建立起動量。早上起床時會自動自發地穿上慢跑鞋。不過不是每天，大概是一週七天裡有五天會是如此。另外兩天你還是需要一點紀律，不過已經不像第一階段那麼痛苦。一旦跑起來，你就會開始享受這趟慢跑，這和第一週比起來可說是天壤之別。
- **第三階段**大概要一年後才會開始。這時，每天起床後你會自然地穿上慢跑鞋，甚至想到要慢跑還會有期待的喜悅……好吧，或許有一兩天不是如此。遇上這種日子時，確實需要一點紀律好讓自己跑起來。這階段在接下來的有生之年裡都會是如此。你將很少需要依靠紀律——至少多數時候會是由動量自主驅動著你。

一旦開始動起來……

一旦建立起真正的動量，你要做的就是維持它，通常不會太常需要動用紀律。成長中的動量帶給我們的力量，遠比需要維持它的更多。

有個企業家花費數百萬舉辦了一項宣傳活動。結果相當成功，公司營業額迅速竄升。然而，企業家卻不打算就此結束這項活動。有人不理解地問，為什麼不停止這項昂貴的宣傳活動，畢竟已經成功超越預期的銷售目標了啊？

企業家回答：「請你想像自己正坐在一架飛機上。要讓這架飛機起飛需要非常大的動能。一段時間後，你舒適地飛往目的地，難道你會想在這時候把引擎關掉嗎？」

動量就像是造成雪崩的那顆雪球。要堆成一個雪球，把它推到軌道上，然後施力均衡地讓雪球從山上滾下去，需要花許多時間和力氣。但一旦雪球開始滾動，注意看著吧，它將越滾越遠、越滾越大顆，最終，它會輾過所有自以為能擋住它的物體和人，而且將毫不費力。

贏家會在工作上火力全開地建立起動量。要啟動一個認真的事業，會耗費他們許多時間及力氣，但一旦事業開始運行，就沒有任何事物及任何人能讓它停下來——除了你自己以外。

富足人生練習⑩

今天我會培養自己的動量，完成下列練習：

1. 我會下定決心盡可能地努力工作，直到建立起動量為止。我完全理解這才是最省時、省力，以及最明智的做法。汽車一旦被推動後，要繼續往前就會變得輕鬆許多。
2. 今天，我會按照紀律工作，因為我了解紀律正是建立起動量的關鍵。
3. 今天我不會再那麼看重結果，因為知道自己一旦建立起足夠的動量，結果就會自然出現。我不會再枯等更好的環境，因為現在知道，只有動量才能創造出所謂更有利的成功環境。
4. 我會列出一張清單，上面包含各個我想要培養出動量的領域。動量能幫助我，但也能危害我。我會寫下除了工作之外，還有哪些領域也想要培養出動量，例如：運動、飲食習慣、家庭生活、閱讀、處理金錢……

贏家心態

11

贏家心態11

勇敢做夢，並實現你的夢想

一個五歲小女孩興奮地跳上母親的床，問道：「媽媽，你長大後想當什麼？」母親想著，這大概又是女兒想出來的新遊戲吧。

「嗯，讓我想想，我長大後想當一個媽媽。」

小女孩抗議道：「你不能長大後才當媽媽，因為現在你已經是媽媽了啊。你以後想當什麼？」

「好吧，我以後想當一個老師。」母親回答。

「不行，這樣不行。你已經是老師了！

「媽媽，快告訴我你長大後想當什麼。你可以選任何想當的角色！」

瞬間，母親似乎明白了什麼，她驚嚇得不知該如何回答是好。

最後，女兒放棄追問並離開了房間，但這段不經意的對話，卻深深觸動了母親。在女兒的眼中，原來她居然還可成為任何她曾夢想成為的人。家庭、職業、副業、孩子……一切看似不可變動的現況，突然在這瞬間全都不再重要。

在女兒眼中，她仍舊被允許有夢想，她的未來還沒有被定型。在女兒眼中，她還會持續成長，她還有很多能實現的夢想。

現在處於什麼樣的環境並不重要，唯一的關鍵是：未來你想成為什麼樣的人？無論是否有人告訴你這是「不可能的」，這些人是否仍存在你的生活中，都一點也不重要。

唯一重要的只有一件事，就是某個人是否贊成這項宣言——也就是你自己。永遠不要認為自己的人生已經「過去」了。如果連自己都不願意抓住你的夢想，也沒人會幫你抓牢它。

此外，還有一個陷阱雖然看似不起眼，卻能以鬼祟、狡詐的方式摧毀許多人的夢想。這個陷阱就是：你認為**現在**還不是適當的時機，因此無法追尋夢想。

醒醒吧！世上根本沒有最適合開啟新事物的時機。每次你拖延一個新的開始，都只是讓自己離夢想更遠了一點。

災難也是一種新的開始

即便遇到災難也不該讓自己氣餒。

如果某天我們遭受了嚴重的打擊，以致於未來似乎不再有意義，我們也必須告訴自己，災難經常會蘊藏著有利的機會。

一位十七歲少女的初戀破碎了。男朋友和她分手，讓她徹底崩潰了。此時，她不經意看見了一句話，是母親用口紅寫在她房裡鏡子上的一句話：「只有當那些半仙離開了——真正的神仙才能到來。」

你想和半仙共度一生，還是和真正的神仙？你想活在委曲求全中嗎？要回答這些問題並不容易。也許，有時不須由我們來做決定反而是好事。人生總有些事我們無法掌控，但要如何面對這些事，完全取決於我們自己。

一九一四年十二月，當時愛迪生年屆六十七歲，他的實驗室因大火一夜付燼。損失估計約一百八十萬歐元，而他為實驗室保的保險不過才四十萬歐元。更糟糕的還在後頭。他的畢生心血全毀了——全部的學術研究成果、設計圖和所有回憶，全都消失在祝融之中。

當時，兒子去找愛迪生時，卻發現他站在遠遠一處安全的地方觀察著這場大火，看起來相當鎮靜、從容，微笑看著大火摧毀一切。他唯一的請求，是讓人快把他的太太帶來。當太太好不容易抵達現場時，他說道：「你看，我們一生中再也不會經歷這麼獨特的事了。災難有其獨特的價值。所有我們曾犯的錯，現在一把火全燒了。謝天謝地，現在我們可以重新開始了。」若你也曾經歷過大災難，這種態度絕對大有助益。現在，可是你擁有全新開始的機會呢。

不過，你不需要等到災難發生才能擁有一個全新的開始。只需要意識到一個好消息：你絕對有做夢的權利——你絕對能成為你憧憬的樣子，也絕對有權利去追求不同的人生。你有權利過著充滿熱情的人生。而且，最重要的一點是，過去並不等於未來，你隨時都能開啟一個全新的未來。

你停止夢想了嗎？

不只是過去，現在也可能成為阻礙我們的陷阱。

曾經，有位男士弄丟了家裡的鑰匙，於是開始到處尋找。女鄰居好心想幫忙，於是也認真地四處尋找，甚至彎腰到灌木叢裡翻找。突然，她發現男子一直停在同一盞路燈下，總是往前走幾步，又往後退幾步。

女鄰居十分困惑，建議男子也找找其他地方，畢竟鑰匙也可能在其他地方，不一定在路燈下。只見男子回答：「我當然可能在其他地方弄丟鑰匙，可是只有這裡有光啊。」

很多人都以為，能實現夢想和熱情的地方，就只有現在工作的周圍而已。然而，你可能會在完全不同的地方找到自己的人生志業，關鍵可能就在你過去的某段經歷中。因此，請重新找回被你埋藏起來的舊時夢想吧。並請接受，你絕對有力量改變自己的人生。

一個人想看電視、想看舞臺劇，又想度假……他想著自己需要更好的時間管理技巧。但速度居然比方向更重要，這不是很可笑嗎？當一個人正在虛擲光陰，或許還同時親手埋葬了自己夢想的同時，居然還想省下幾分鐘，這不是很危險嗎？這樣的人沒有花太多時間去思考自己究竟想往哪個方向去，因為他不認為自己有可能在明天成為一個不一樣的人，會去做與昨日或今日完全不同的事。

你絕對能有全新的開始

美國出版家吉爾伯特．卡普蘭二十五歲時創立了第一本雜誌。當年他完全是典型的工作狂。在短短十五年內，他創立的雜誌就成功晉身為主流雜誌，每每有著巨額的印刷量。他幾乎每天不眠不休地工作——直到四十歲，突然將公司賣了。這究竟是怎麼回事？

原來，有天他聽到了馬勒的第二號交響曲，並且為之痴迷。樂曲喚醒了他心中醞釀已久的一些事。並且，他認為馬勒的第二號交響曲該被詮釋成其他的樣子。現行的版本就是感覺少了些什麼。他認為自己當時聽到的版本，並不完全貼近馬勒的原意。

他一舉將公司賣了，決意要成為一名指揮家。所有專業人士都認為這是不可能成功的計畫，畢竟卡普蘭過去一點指揮的經驗也沒有，而且一項樂器也不會。就連朋友也認為他瘋了。一位經理人，連個豆芽菜都不會讀，年屆四十，想成為交響樂指揮家？簡直笑掉大牙！

但卡普蘭並沒有因為這些批評而氣餒，他甚至將目標定得更高：他要讓馬勒的交響曲以前所未有的樣貌被演奏出來。於是他開始學習，拜最厲害的指揮家為師。他接受訓練，並毫不停歇地為自己的夢想努力。

兩年後，夢想成真了。

一九九六年，吉爾伯特．卡普蘭錄製的古典樂專輯，成為美國當年度最成功的古典樂專輯。同年，他更在位於莫札特故鄉的奧地利薩爾斯堡音樂節擔任開幕嘉賓——而且是以年度風雲指揮家的身分。

實現夢想的吸引力法則

我們的夢想和目標就像一塊磁鐵，會吸引所有能幫助我們達成願望的人事物。或許很難相信，但每個成功人士都有類似的經驗。

然而，偶爾做做白日夢是不夠的。我們必須在神經系統裡更頻繁地提起我們的目標。我們必須不斷想著這些目標，絕對不能懷疑它們。有個小技巧能幫得上忙：請想像自己已經達成這個目標了。也就是說，我們在心理上預先達成它，情感上也預先享受這樣的感受。

每次以這樣的方式專注於夢想，就能為今日我們所處的位置，和我們想抵達的地方建立起連結。每一次的連結，都將更堅定自己實現願望的信念。這股信念能喚起覺醒的自我意識及實際行動，引領我們去尋找通往夢想的各種路徑。

越活出自己的夢想，就越強大

關於追求夢想，美國著名牧師與作家諾曼．文生．皮爾曾切中要點地說道：「多數人都不願相信，自己的內在已具備能讓自己成為想成為的人所需的一切，因此，他們會以一些自己也不怎麼為榮的東西來滿足自己。」英國維多利亞時代的政治家班傑明．迪斯雷也說過：「如果一個人甚至願意賭上自己的存在，那就沒有任何事物能阻擋他去達成自己宣示過的目標。」

有人會利用他人為自己做事，而有人則總是被人利用，這究竟是為什麼呢？差別就在於我們追隨自己夢想的程度。

當兩個人相遇時，很高的可能性會由其中一個真正做出決定且更投入的人去影響另一個人，或多或少使對方為自己工作。越活出自己的夢想，就會越強大，這就像是宇宙默默地以這種方式在幫助有目標的人一樣。

生命中沒有任何事能比追隨自己的夢想更為圓滿。當然，也沒有任何事能比背棄且壓抑自己的夢想更令人沮喪。

贏家總會時不時在某個時間點停下來反問自己：「我是否正在實現我的夢想，還是我只是在虛度人生？」贏家相當清楚，自己身為人生的設計師，絕對可以創造出自己夢想的未來。贏家將創造出符合自身價值的生活，知道過去和現在並不等於未來。我們隨時能重新繪製一幅新的圖畫，即使新畫作的色彩一開始與原本的畫作相似也無妨。但丁說過：「熊熊大火也是始於星星小火。」

請依照你的方式過生活。如同法蘭克・辛納屈〈My Way〉中的歌詞：「……and more, much more than this, I did it my way……（而更重要的是，我是以我的方式完成它。）」辛納屈先生是如此活出他的人生，並以他的方式逝去。美國總統柯林頓就在他的告別式上致詞道：「He did it his way.」（他以他的方式完成了。）

我們絕對有選擇。要麼活出自己的夢想，要麼幫助別人實現他們的夢想。曾有位母親在臨終前告訴兒子：「答應我：請做個有價值的人。」林肯答應了他的母親。贏家知道：生命太過短暫，不值得平凡度過。

富足人生練習 11

今天，我將更積極地塑造我的未來，因此我將完成下列練習：

1. 今天我會給自己一天的時間休息。我會找個地方坐下來，或是以緩慢的步調去散散步。我將尋找自己內心的平靜，並傾聽自己內心的聲音。
2. 我會好好思考，自己過去七年發生了什麼事，學到了什麼新事物、完成了多少事、獲得了多少東西，以及認識了多少人？我的性格如何發展，以及這一路以來我經歷了什麼？我了解，接下來的七年，同樣可能發生很多事。
3. 我會問自己：如果真的有選擇，我想做些什麼？成為什麼樣的人？我的夢想是什麼？七年後，我想成為誰以及想做什麼？我會把對這些問題的想法寫下來。這能幫助我思考自己真正喜歡什麼，以及其中哪些符合我的天賦。
4. 我會認知到我確實有選擇，隨時都能重新創造出一個從明天起就更符合我價值觀的生活。我就是我人生的設計師。我擁有追求幸福的勇氣。

贏家心態

12

贏家心態12

關注你的身體

想像一下，你擁有一匹價值百萬的賽馬。

你會如何對待這匹名駒，以及如何餵食牠？你會餵牠一堆檸檬伏特加、一堆沾有美乃滋的炸薯條，最後再來一點巧克力慕斯當飯後甜點？你會不停餵牠清水還是灌牠一堆啤酒？你會不餵牠燕麥，而是塞給牠一磅冰淇淋外加一大球鮮奶油嗎？你會一天到晚用電子樂轟炸這匹尊貴的生物，然後夜晚拖著牠跑過一間又一間的酒吧？你會教牠抽菸，在牠的馬廄裡裝電視，好讓牠變得焦躁不安也睡不好？

你當然不會這麼做。

那為什麼許多人卻如此對待自己的身體呢？

不是沒有生病就是健康

你會如何定義「健康」？

「沒生病就算是健康吧」，多數人的想法不外乎如此，但健康代表的遠比「沒生病」多更多。健康代表的是活力、能量、生活品質，以及對生活的喜悅。

在一生中持續改善自己的健康狀況，不僅是一件可以做到的事，更是一件必要的事。你可以提高自己健康的程度及活力，也絕對可以每天獲得更多的能量。

許多人總要等到失去健康後，才開始想辦法改善健康狀況。要等到開始不舒服、無精打采、產生疾病後，才開始採取行動。若是忽略某些重要的事，有天它們就會變成緊急的事——健康方面也同樣適用這條規則。

我們就得被迫面對這些問題。在健康這個領域，這意味除了避免傷害繼續擴大之外，已經沒有更好的方式了。

你可能會好奇，為什麼一本關於贏家的書裡，會有一整篇討論「健康」的章節。這是因為贏家都知道，健康是影響工作效率的關鍵，如果我們因重病而臥床不起的話，大概也很難去征服世界。

你的健康對於你的感受、你的積極度、你的熱情、你的魅力，以及你的吸引力，都有著巨大的影響。

我們應該更關心自己的健康狀況、注意自己的飲食，以及運動頻率。擁有健康，我們就更能輕鬆地享受成功的果實。

避免極端做法

想達到最佳健康狀態，已有大量書籍在談論人們該做和不該做的事。關於這點，必須注意每個人的身體狀態不同，對某人有效的方法，卻可能對另一個人有害。我們一方面必須學習去聆聽自己內心的聲音，一方面也應該了解，所有極端的做法最終都將弊大於利。我們真正需要的是均衡且合理的生活方式。

請不要大量攝取單一一項食品，少量食用多元、豐富的食物，才是更好的做法。也請不要長期堅持某種特定飲食計畫，經常只有在長年維持同一種飲食方式之後，我們才會發現它的負面影響。此外，相較於盡量避免所有的「不良」食物，更重要的是確保攝取足夠的有益健康的食物。

身體會給予我們「清楚」的訊息，告訴我們它需要什麼，這也是為何我們不時會突然想吃某樣食物的原因。這時，我們應該滿足身體的渴望，不須感到良心不安。每個人都會經歷不同的發展階段和過程。

因此，世上沒有所謂「好」或「不好」的飲食。請傾聽身體的聲音——它會告訴我們需要什麼。

五項容易被遺忘的基本原則

生活應該是有趣的，我們都不喜歡禁令和限制。不過遵循一些基本建議還是有意義的，因為這能大幅提高生活的樂趣及幸福程度。

1. 吃得更慢、更少、更平靜

我們都吃得太多了。請吃少一點。這同樣適用身材苗條的人。研究一再證實，即便只維持每天食量的三分之一，也已經綽綽有餘，其餘的三分之二不過是在消耗我們的能量罷了。畢竟，沒有其他的身體功能比消化系統需要更多的能量了。

因此，除了少吃，也請你放慢速度、細嚼慢嚥。用餐時務必要坐著，也盡量不要邊閱讀或開車。請好好專注在用餐上，並享受這個過程。

2. 好好品味生活

請確保你的飲食中盡可能含有大量（最好有至少三〇％）來自全天然、全方位營養成分的食物。請多吃蔬菜、水果，多方嘗試並找出最適合自己的食物，例如喝新鮮果汁。

加工食品只會徒增身體的負擔。如果你很難捨棄它，就請透過更多的健康食物來平衡它。請避免過量攝取糖、咖啡、脂肪，以及酒精。每天攝入大量有害的物質對人體毫無意義。

但請不要陷入極端。許多「健康狂熱者」看起來相當病態，那樣一點也不幸福。

3. 多喝一點

多喝一點，可不是叫你多喝一點酒。一杯啤酒的卡路里約等於兩個小圓麵包。你會在晚餐過後還想來八塊小圓麵包嗎？

我指的是多喝一點「水」。

我們每天都須飲用兩到三公升的水。咖啡、可樂、酒精飲料和牛奶都不算在內。事實上，這些飲料反而會讓身體排出更多水分。舉例來說，如果你每天都會喝一杯咖啡，就必須多喝兩杯的水。除此之外，最好不要在用餐的同時攝取大量水分，這麼做只會增加消化系統的負擔。請在兩餐之間的空檔補水。

許多人經常忘記攝取足夠的水分。對他們來說，建立「規律」會很有幫助。例如，以特定事件建立起喝水的習慣，像是在每天起床、運動開始、運動結束，或是上床睡覺前，規律地喝水。

4. 充足的運動

請多運動。

我們的身體是一個運動機器，而不是用來坐著的機器。它的設計是為了能每天走上五、六十公里。當然，你不需要每天這樣大量運動。只有在進食的日子才需要如此。唯有每天至少運動四十分鐘，身體才能處於最佳狀態。

有氧運動對整個身體的運作有令人意想不到的正面影響。它有助於提高身體的整體機能、警覺性、內臟器官的功能、促進消化系統及代謝循環、大幅強化免疫系統，藉此改善整體情緒及增強活力。許多人會說自己沒時間運動。這就好像停下碼錶希望能爭取時間一樣，運動習慣能讓你更專注，也可能因此更少生病。你將能透過運動贏得更多時間，而不是「失去」時間。同時也將贏得生活品質。

5. 允許自己定期休息

我們需要足夠的休息時間。請定期幫自己安排一段放鬆的暫停時間。覺得日常生活壓力過大時，就進行靜心或給自己十分鐘的時間放鬆——花幾分鐘散散步、聽聽放鬆的音樂、閉上眼睛別想任何事。如果這些都沒有成效，可以想像一個能讓你放鬆的場景，像是海灘或森林。

即便如此，很多人會聲稱自己負擔不起這種休息時間。但事實上，我們不能沒有這些時間。有規律休息時間的人通常也會較有效率。請偶爾中斷一下行程，每週抽出一天好好讓自己放個假。

長期策略

業餘人士和專業人士之間的差別，就在於對長期策略的理解。

專業人士不會為了只能達成短暫成功的方法來危害自己的長期目標——好比說活力和健康。一星期工作九十五小時，或許能在短期內帶來成果，長期而言卻會讓人生病。大量飲用咖啡因，短期能讓人保持清醒，卻會剝奪身體休息的需求。不等流感痊癒就開始工作，可能有利於當下的專案進度，長期來看卻是愚蠢至極。

永遠不該以短期策略解決長期問題。

贏家會注意自己的健康，並確保自己能為下個任務累積更多精力。對職業自行車選手而言，體重每過量一公斤，就代表在普通的上坡路段會比別人慢一分鐘。贏家知道，肆意損害健康將讓自己的表現大打折扣。

富足人生練習 12

今天我會更注意我的身體，因此我將完成下列練習：

1. 今天我會更注意飲食。我會吃得更少、吃得更慢，並注意我所吃的東西。我會增加咀嚼的時間，並咀嚼得更徹底。今天我會攝取更多沙拉和水果。如果想吃零食，我會去買點堅果和水果。
2. 今天我會多喝幾杯水。特別是在用餐前，這能防止我無意識地吃下過量的食物。
3. 今天我會運動至少三十五分鐘。如果我選擇慢跑，也不會給自己過度的負擔，覺得累了，我就會停下來走一小段。我不需要向任何人證明什麼，如此一來，我才能享受慢跑的樂趣。
4. 今天工作時，最長每九十分鐘，我就會讓自己稍微休息、活動一下。我會去呼吸新鮮空氣五分鐘，或是做幾個健身運動。如此一來，我才能保有更多精力、更集中注意力。整體而言，這樣才能完成更多事。
5. 今天我會找一個好醫生，為自己安排一個真正全面的健康檢查。

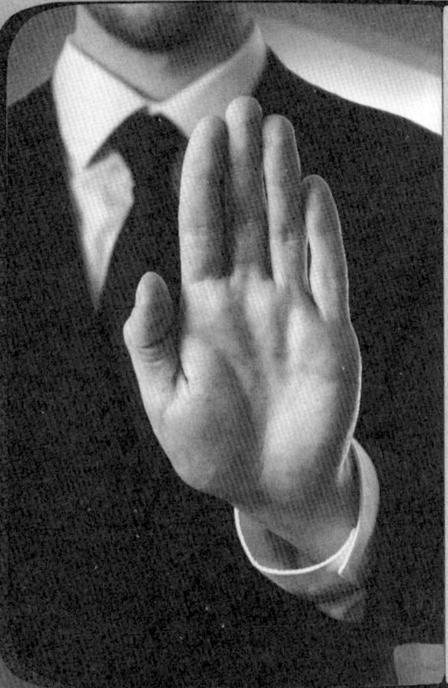

贏家心態

13

贏家心態13

不因拒絕而沮喪

傑夫是一位知名演講者眾多的聽眾之一。他深受啟發，決定要在自己的生活中做出改變。隨後傑夫發現了一件有趣的事：並非每個聽眾對同一場演講的評價都相同。

有聽眾批評講者並嘲笑這場演講，也有聽眾認為這場演講沒特別好或特別糟，不過，多數聽眾的感受都和傑夫一致。他們深受啟發，並迫不及待想將演講的內容貫徹到自己的生活中。

傑夫走向講者，詢問對方為何在場聽眾對同場演講的反應有如此大的差異。講者回答：「你提到的這三種群眾，是每個講者都會遇到的。可能比例不同，不過每場大型演講裡，永遠都會有嘲弄和放肆批評的人、態度持平的人，再來是深受感動的人。一開始，我也想達到讓大家都感動的境界，但這是不可能的。有一些人就是把批評和負面思考當成了自己人生的使命。此外，敞開心胸接受新事物需要勇氣，並不是每個人都有勇氣。後來，我發現接受就是會有這三群人的存在還比較輕鬆一點，而我只需要專注在能正面接受我演講內容的那一群人就好。從那時開始，我心裡就好過多了。」

做什麼都會遇到的三群人

每個贏家都知道如何處理被拒絕的感受。贏家相當清楚，世上總會有三群人存在：

- 有一群人會拒絕你。
- 有一群人無法決定該怎麼做，於是最後什麼也不做。
- 有一群人則會接受你、你的專案，以及你的想法。

同樣地，不論你做什麼，你永遠會遇到這三群人。這是再基本不過的事實，他們的存在完全和你的產品、你的服務、你的公司，或是你自己本身，一點關係也沒有。他們的存在完全是人類的天性使然。

任何想法或專案必經的三個階段

每個想法及每個專案都會經過三個階段，這和專案的品質沒什麼關聯。這三個階段分別是：

- **階段一：嘲弄**。沒有人認真看待你，有些人還會大聲拿你開玩笑。
- **階段二：批評**。此時你已經成功創造了一些成果，所以已經不適合嘲笑你了，只好開始批評你。到了第二階段，你大可視為是自己的一大進步，因為你現在值得讓人批評了。
- **階段三：肯定**。堅持得夠久並堅守自己原則的人，最終就不會再被批評，取而代之的將是肯定。雖然有些人就是愛批評別人，不過這時批評你已經不再是「流行」的做法了。

幸運的是，三階段中都會有先前提及的三群人的存在。也就是說，不是每個人都會嘲笑你，也不是每個人都會批評你。然而，即便是你很希望從對方身上獲得支持的人，也很可能會提出批評或質疑。不過在每個階段，也同樣會有一群人認為你做得很好。

不被批評打敗，要從批評中成長

沒有例外，我們一定會遇上這三個階段及這三群人，重點是該如何面對？

我們常能見到兩種極端的反應方式。有一種人會完全拒絕接受批評，但如此一來，他們將失去自我反思及學習的機會。另一種極端的人則是會將每個批評和拒絕都往心裡去，造成他們馬上對自己的行為產生懷疑。這類型的人很常極盡所能地去取悅所有人，但直到最後將無可避免地失去自我。

其中的藝術，就是找到難能可貴的中庸之道。

對合理的批評不該視而不見，必須抱持開放的態度，認知到有些事情就是行不通。另一方面也不該忘記人總會犯錯，被批評是不可避免的，重要的是從批評中學習成長，不被批評打敗。

這兩種極端之間沒有明確的界線。因此，我們應該仔細檢視面對的批評是否合理、具有建設性，或者其實是系統性或破壞性的批評。如果無法明確分辨，就請直接拒絕這樣的批評。**與其表現得細皮嫩肉、容易受創，練就銅牆鐵壁之身的你，絕對會更容易成功。**

贏家早已培養出一身不把破壞性的批評當成人身攻擊的功夫。贏家相當清楚，此時批評者的問題遠大於自己。同時，贏家也了解，永遠有一定數量的人會諷刺、訕笑或拒絕自己，世上不會有能讓所有人都滿意的事。

我們能決定自己要受到什麼影響

人無法改變他人。

這樣也好，畢竟每個人都應該保有自己的自由意志。不過，我們絕對有力量決定我們是否要偏離自己該走的路。世界會不斷出現對我們能提供的一切都不滿意的人，這沒什麼大不了的，但我們不能開始像他們那樣思考。

有句古老的諺語是這麼說的：「離開一間房子時，請把跑進你涼鞋裡的沙塵也抖乾淨。」

照理來說，進到房子前把鞋裡的沙塵抖乾淨似乎比較合理。不過我們也能以另一種角度來理解這句諺語。無論人們是否在房子裡、又或是在其他地方，接受或不接受某樣東西，都不重要。因為按照大數法則，總會有足夠多的人對某件事感興趣，也會有差不多數量的人會拒絕同一件事。通常，這些人還會鉅細靡遺地告訴你他們拒絕的原因，有些理由可能聽起來就像是卡在鞋裡的尖沙子那樣令人討厭。剛開始，幾粒沙子還不會太擾人，但等它們拖磨過你的雙腳幾公里後，最終也將讓你痛得無法再往前走一步。

贏家早就培養出良好的應對能力，隨時能將不合理的批評抖出去，就像涼鞋裡的尖沙子那樣。

我們必須習慣去接受這三群人

但為什麼會有這三群人的存在？為何世上總會有人喜歡批評所有事？這就牽扯到一個神奇的奧祕，請讓我用青蛙與蠍子的故事來解釋。

很久以前，有隻蠍子來到河邊。

牠不會游泳，於是牠問青蛙能不能揹牠過河，青蛙拒絕了：「我又不是笨蛋——不用等到過河的一半，你就會用你那危險的尾刺刺我，那我就死定了。」

「青蛙先生，你也用用你的蛙腦吧，」蠍子反駁道，「要是我扎死你的話，你就沉到河裡去了，我不就也死定了嗎？」

青蛙想了想覺得有道理，於是牠便允許蠍子爬上自己的背。

當青蛙和蠍子到了河中央，蠍子猛地將自己的毒尾刺，深深扎進了青蛙的背裡。垂死的青蛙問道：「你為什麼這麼做呢？現在我們兩個都死定了啊。」

蠍子回答：「因為我是蠍子啊。」

世上就是有人會想傷害你。有些人是出於嫉妒，有些人則是因為他們對自己的狀態不滿而這麼做。當然，這些人不會說「我嫉妒這個人，所以我才會到處挑他毛病」，更多時候嫉妒者會將他們的話包裝成看似值得重視的批評。

還有一些人就是把負面消極當成是人生目標。我們不該為此困擾。把所有事都講得無比糟糕，正是滿腹牢騷的人的專長。也許你曾經問過自己，為什麼有人總會不停說謊？答案是：因為他就是騙子。小偷會偷東西、騙子會說謊、負面思考的人會批評，而諷刺成性的人會諷刺人。

要想避免批評只有一個方法：什麼都不做，別想成為任何人。這個方法絕對有效。我們的人生不該按照愛埋怨的人來規畫，這些人只想把別人也弄得和自己一樣不快樂，好讓自己比較能承受自己的不快樂。

是否要被批評影響，取決於我們

正因如此，贏家才不會讓批評對自己留下任何影響。贏家相當清楚：**傷害我們的不是批評和諷刺本身，而是我們處理它的態度與方式**。

如果有人指責我們是綠色火星小人軍隊的祕密首領，我們可能會輕蔑地一笑置之。通常我們只會在對自己的地位感到不安時，才會感到被批評中傷。

所有人都會受到批評與拒絕，不同的是每個人的應對方式。而這又和我們的感受牽連在一起。這是一股我們對「事」的感受，是我們對公司、對和一起工作的人，以及對機會和市場潛力的感受。其中最大的差別，莫過於我們對「自己」的感受。**不公平的批評無法造成傷害，只有自己才能傷害自己**。

不是你的言行，而是你如何說以及如何做才會造成差異。你的感受有著決定性的作用。所有人都有一定程度的行動意願，但只有一點意願是不夠的。如果對自己的事業沒有強烈的感受，那任何批評都容易中傷你，任何失敗都足以打敗你。

贏家擁有獨特且超乎尋常的渴望，他們對自身事業的熱情無比強大。他們更渴望、願意學習，也更加努力。他們永遠都在準備好的狀態，隨時準備做任何必要的事以達成目標。對自己的任務有這樣感受的人，就不容易輕易卻步。

而這樣的感受是可以培養的。只要我們擁有更多為什麼必須達到這個目標的原因，我們對自己在做的事的感受就會越強烈。如此一來，別人說什麼也就不重要了。因為對你而言，你的目標遠比別人對此的想法重要得多。

要專注在什麼事上，取決於我們

我們全是選擇性認知的人。通往幸福成功人生的道路正是：加強專注在能接受你及你的意見的群體。積極整理正面的回憶，寫下自己成功的事蹟，如此一來，便能延長記得這些成功經驗的時間。

你會發現，越成功的人對自己失敗的記憶越少。不太成功的人會更常談論他們受過的災難、失敗，以及他們所處的困境。相反地，贏家則會談論他們最近做得特別好的地方。

有人習慣延長負面的想法及失敗的回憶，贏家則慣於延長正面的想法及成功的回憶。有人容易被批評動搖，有人則會把批評像沙粒一樣抖掉。重點不是哪一種人的做法對或錯，而是哪一種人過得更好。假如你能長時間觀察這兩種人的話，答案會相當明顯。

富足人生練習 ⑬

今天，我會更專注訓練自己面對拒絕時的態度，因此我將完成下列練習：

1. 今天我會把每個成功事蹟用紙筆記下來。我會問自己，至今為止贏得了哪些成功，同時也會問自己，為什麼能在這些事上取得成功。
2. 我會如同抖落一粒塵埃一樣立刻忘記每個拒絕。我了解，世上永遠有一群人會拒絕任何我想做的事。我接受這個事實，不會把這當作是對我的人身攻擊。
3. 我知道我無法改變人性，因此我會專注在自己能控制的事上：提升我的品質，並努力改善我的態度。
4. 今天，我會刻意只和談論成功和正面事物的人交談，遇到任何想談論負面經驗的人，我會立刻離開。即使是我自己，在今天我也只談論正面的事。我知道，談論負面事物就如同在幫雜草施肥。

贏家心態

14

贏家心態14

付出一一〇%的努力

曾有位記者詢問匈牙利籍的舉重世界冠軍：「在訓練當下，如果你試舉同個重量十次，請問這十次的重複嘗試中，哪一次是最重要的呢？」世界冠軍回答道：「第十一次。」

／

要能付出一一〇%的努力，你必須先明白：你最好的表現還不夠好。假設你現在將這本書放到一旁幾分鐘，然後開始做仰臥起坐，你覺得自己能做幾下？當你「使盡全力」，就是你能獲得「最佳表現」的時候。但如果你已經好幾年都沒做過仰臥起坐的話，那這樣的「最佳表現」很可能根本不能稱得上是有決定性的結果。但如果從今天開始，你每天都練習五分鐘的仰臥起坐的話，三個月後你認為自己能完成多少次？

如果你以前從未刻意鍛鍊過，你一定能因為這次的練習大幅進步。事實上，我們的潛力遠超過我們以當前狀態預測的結果，這適用於我們人生中的每個領域。每個人在不同的領域，都有著許多完全尚未開發的「成功肌肉」。

額外的一〇%能加倍成果

請想像一下，在接下來三個月，你將每天練習仰臥起坐三次，每次五分鐘。每次練習你都使盡全力（一〇〇%的努力），並在認為自己撐不下去時，都再多做一次（一一〇%的努力）。當然，你不會每一次都能撐到一一〇%的程度，或許有時只能多做半次。不過，每個運動員都知道：**最大的成長潛力，就蘊藏在這個本來不應該存在的「額外」的一次練習裡**。

如果你能維持這樣的訓練模式三個月，最後你將完成多少次仰臥起坐？

世上永遠有人願意付出一一〇%的努力，這能讓他們得到回報，並在所屬的領域成為頂尖人士。額外的一〇%努力，正是成功與平庸之間的差距，是獲得財富與最低生存水平之間的差距。額外付出的一〇%努力，將收穫遠超出人們預期的成果。透過這額外一〇%的努力，你將能很快獲得比一〇〇%更多的成果。多數情況下，它甚至能帶來十倍或百倍的成果。

想要真正發掘自己究竟能做得多好，你必須願意付出一一〇%的努力。請養成凡事都付出更多努力的習慣。請永遠付出比別人對你期望的還要更多一點。

億萬富翁約翰．坦伯頓是史上最成功的基金經理人之一。

但他鮮少接受訪問，且通常會直接拒絕攝影邀約，寧願將時間投注在其他地方。有次，他破例給了一間知名雜誌三十分鐘的拍攝機會，攝影師卻花了整整七小時才完成拍攝。

當約翰．坦伯頓被問到，為何允許那位攝影師為自己拍攝那麼久，他回答道：「我原先的確不想浪費時間在拍照這種事上，但那位男士給足了一一〇%的努力。他對自己的工作是如此熱情。他深愛他的工作，以致於我不願打擾他與這份工作之間的浪漫。」

為何不是所有人都付出一一〇%的努力？

為何有人最多只願意付出五〇%到八〇%的努力，有人則願意付出一一〇%

呢？答案非常簡單：人們會去做自己喜歡的事。

事實上，有人就是喜歡全力以赴，樂於付出一一〇%的努力。但沒有人是天生具備這種性格的。我們通常會選擇走阻力最小的路，如果只需要付出五〇%，為什麼要付出一一〇%呢？

答案是：唯有如此才能不愧對自己。唯有如此，我們才能發現自己究竟有多少能力；唯有如此，我們才能盡情享受人生。只有當我們付出一一〇%的努力，才能真正地進步。

理解這一點的人，會培養出付出一一〇%努力的樂趣與喜悅。遇上困難時，他們的座右銘是：「如果我不能，那我就必須要能。」對這些人而言，不能達成自己的目標是絕對無法承受痛苦，無法實現自己的計畫將讓他們瞧不起自己。他們已經準備好要承擔困難及艱苦，甚至樂在其中。

阿諾．史瓦辛格說過：「痛苦是好的。處理痛苦的能力，就是冠軍與其他人之間的差別。我喜歡那些讓我成為冠軍的痛苦。」

一〇〇%策略的壞處

有人會說：「我無法付出比一〇〇%更多的努力了，根本不可能付出更多。」我想問有這樣想法的人，你怎麼知道什麼程度是一〇〇%？歷代研究人格的學者們一再證實，我們的潛能遠比我們意識到的更大。通常我們認為的一〇〇%，事實上不過是七〇%，甚至更少。我們的能力遠超乎自己的想像。

如果我們「只願意」付出一〇〇%的努力，那就是在為自己的能力設定一個過低的界線。這些遵照一〇〇%策略生活的人，為自己的安逸舒適找了一個很好的藉口：他們聲稱自己不可能再付出更多了。這種人無法持續成長，因為他們總為自己的能力設定了過低的上限。

依照一〇〇%策略生活的人，毫無疑問會將八〇%的成果認定為最好的成果。除此之外，他們也會誤以為自己是處在一個安全的區域。他們安全地待在可能讓自己受傷的範圍之外，以及可能讓自己受到挑戰的區域之外。這樣的人正在將自己最小化，因為他們通常只付出了八〇%的努力。

反之，贏家不會滿足於自己現有的。願意付出一一〇%的人不會接受自己的能力有任何極限，他們會為自己設下高度的期望。贏家相信自己的潛能，不會以現在的狀態來衡量自己，而是以他們想成為的樣子來衡量自己。贏家知道，一〇〇%不是好結果，因為這樣他們就會一直活在自我設限的範圍內，無法成長。

付出一一〇%的努力，代表你將成為最好的自己。

要是再努力一點的話，我就可以……

一個最古老，也最愚蠢的藉口正是：「要是再努力一點的話，我就可以……」任何有這樣想法的人都是在欺騙自己，誤以為自己正處在安全的範圍裡。

事實上，這種人根本沒有能力付出一一〇%的努力。

一一〇%的策略是一種生活方式、一種習慣，而不是一次性的偶發事件。這是一種生活哲學。它是一種真實存在的方式，而不是理論上的一次性行動。要是你遇上了一個一一〇%的人，你一定會立刻認出他來。你會感覺自己正和一個贏家在一起。世上所有偉大的作品及企業，都是由這種人創造的。

不是依照一一〇%策略生活的人，將錯失許多機會。這樣的人永遠無法體驗到成功的美好。成功是無可取代的。事業上的成功是人生五大重要領域之一，正如同其他四個領域——健康、人際關係、財務，以及情緒——一樣無法取代。世界為成功提供的美妙及所有獎勵，全都源自於這額外的一〇%。一一〇%的規則也適用於其他領域。

習慣付出一一〇%的努力，能讓我們的人生成為一部曠世巨作。

富足人生練習 14

今天，我將訓練自己付出一一〇%的努力，因此我將完成下列練習：

1. 今天，我會至少在一項活動中付出一一〇%的努力。
2. 今天我不會接受任何限制。一〇〇%是我對自己能力的虛假想像，與事實不符。我想成為我能做到的最好的自己。如果我做不到，我還是必須做到。
3. 既然我對自己的想像與事實不符，我將以我想成為的樣子來取代這樣的想像。這樣的想像將不受任何限制。今天，我會動筆描繪出我想成為的樣子。接著，我會想像自己已經成為想像中的模樣，我的行為舉止也會如此表現。
4. 遵守一一〇%規則來生活的人需要更頻繁的休息。這就是為什麼今天我要更專心工作，並為休假及休息時間做出規畫。

贏家心態

15

贏家心態15

從問題中成長

曾有個女孩與她的好朋友——一位老水手——在堤岸上散步。她遇到了問題且相當煩惱。

水手問她：「如果我從堤岸上跳到水裡，一定會溺水而死嗎？」

女孩看了看不停拍打著堤壩牆壁的冰冷浪花，回答道：「你當然一定會淹死。」

水手反駁道：「我從沒見過有誰只是因掉進水裡就淹死的。只有『一直』待在水裡才會淹死。」

女孩沒有被說服：「但你至少會全身嚴重失溫，然後被送進醫院。」

水手重申道：「那也只有在水中停留過久才會發生這種情況。身為一個水手，我經常落水。一開始我當然非常害怕，但接著我發現，要是我能盡快爬上岸，根本就不會發生什麼事。而你的問題也是如此。與其不停煩惱，還不如好好想想該怎麼解決它。」

／

對多數問題而言：**真正的問題不是困境本身有多不幸，而是我們看待這個問題的方式**。

其中最大的危險，通常是伴隨問題而產生的沮喪。只要自己在精神及情緒上不深陷在問題中，就能減少問題對我們的影響。

我們要能區分發生在我們身外的事，以及我們內心對此的反應。既然我們無法控制所有的事，那麼我們一定會不停地「掉進水裡」。

我們無法避免沮喪，但可以學習縮短讓自己沮喪的時間。舉例來說，如果一場失敗或一次個人挫折，會讓我們癱在那並沮喪個三個禮拜的話，我們就必須學著將這段時間縮短成三天，再接著縮短為三個小時，最後縮減為三分鐘。贏家早已練就出這樣的能力。這適用於絕大多數的問題，除了少數命運的打擊，例如罹患危及性命的重病。

所有人都會遇到問題，但當許多人長時間沉浸在失落中時，贏家陷入沮喪的時間會非常短暫。很快地，贏家就會將挫折轉化為迷人的機會，積極找出解決辦法，並深深著迷於自己從問題中發現的可能性與機會。

一旦在情緒上被某個問題困住，我們就會失去行動的能力。我們不該忘記，採取行動的決定權完全取決於自己——而非問題本身。一旦不再專注於問題本身，而是開始尋找解決方法時，這個問題左右我們情緒的魔力就會消失。出現問題時，我們應該最多只花一〇％的專注力在問題本身，將另外九〇％的專注力集中在解決方法。

贏家面對問題的態度

為什麼贏家能以不同的方法處理問題？他們的力量究竟從何而來？其中的差異及獲得力量的關鍵，就在於贏家面對問題的態度。贏家對此的觀點完全不同，主要有三大差異：

1. 贏家幾乎不認為有任何問題是絕對的

贏家更相信「這是能改變的」，因此能給予自己尋找解決方法的力量。反之，相信所有問題都是絕對的人，最終就會屈服於「命運」。

2. 贏家不會讓單一問題影響到自己生活的所有領域

如果你在生活中某個領域出了問題，也不代表整個人生都毀了。那些將問題過度嚴重化的人，會認為自己無法再享受人生，因為他們所有人生的意義已經都毀了。因此，他們會很快地認為自己已經毫無價值，且已經無法再次回到正軌上了。

3. 贏家不會將問題個人化

贏家更傾向於將問題視為挑戰與成長的機會。反之，一個人若將問題視為是個人人格缺陷的證據，就會感到相當無助。如此一來，又該如何快速翻轉整個人生呢？

贏家面對問題的心態

．**我們看待問題的方式，正是問題所在。**很多時候我們都將問題看得太嚴重，以致於忘記問題本身也代表了成長的機會。一旦改變想法，開始專注於解決方法，問題就將變為一項挑戰，帶給我們重要的人生智慧，讓我們更強大。

・**沒有任何挑戰不會為我們帶來禮物**。事實上，我們應該主動去尋找問題，因為我們需要它賜予的禮物。

・**問題是能擴大我們影響力的機會**。當問題出現時，我們必須離開自己的舒適圈。如此一來，意義非凡的事物才有機會在我們的生命中形成。如果說生命的意義就是學習及成長，那麼問題通常便是引領我們成長的契機。

・**想變得富有，就必須去尋找更多問題**。你可以把精力花費在規避問題——但很快你就會發現這是不可能的，並因此變得相當沮喪——或者，你可以選擇將精力花在成功地與問題共存。

・**請不要祈禱自己能一直處在輕鬆的環境，請祈禱自己能獲得更多能力**。請不要期待問題會隨著時間消失，要期待自己能獲得處理這些問題的能力。

・**再笨的人都有能力面對成功，但少有人能處理失敗與問題**。專業人士就是即便在感覺不妙的情況下，依舊能取得頂尖成果的人。每次的成功都會帶來一定的獎勵，每次的挫敗則會使你更強大。就像植物既需要陽光也需要雨水，我們也需要成功及問題來讓自己成長。

・**問題能激發出我們偉大的一面**。問題能避免我們浪費自己的潛能。我們必須積極主動、發揮創意，並以創新的方式來處理問題。

．**每個問題與痛楚的背後，都藏著一座金礦**。但許多人卻只是盯著問題看，因此從未發現問題背後的金礦。

．**很多時候，我們不過是少了綜觀全局的能力**。多數時候我們將某件事形容成災難，不過是因我們只窺見了整幅圖畫的一小部分。往往要到後來，我們才會意識到所謂的災難，其實是發生在我們身上最美好的事。

你有權掌控自己的人生

人生中出現問題時，最好立刻開始尋找解決方法。

請別浪費時間在憤怒或自怨自艾。這一點也沒有幫助，而且還相當耗費精力。請別把自己視為無助的受害者，不要把自己的遭遇形容得更戲劇化以博取同情。畢竟你最終想要的是尊重，而不是憐憫。

請記住：當你把過錯推給他人時，你就同時賦予了對方權利。除了你自己，沒有人有權利左右你的人生。你不一定要為每個問題負責，但多數情況下，你至少有部分責任（也就是權利！）。而你要如何處理這個問題，完全取決於你自己。世上只有三種不同類型的問題：

1. **我們可以直接控制的問題**。我們只須改變自己的習慣，就足以解決這類型的問題。例如，能否妥善處理金錢，往往取決我們習慣儲蓄或花光所有薪水，這完全在我們能掌握的範圍內。

2. **我們只能間接控制的問題**。我們能透過擴大自己的影響力，來解決這類型的問題。

3. **我們無法控制的問題**。即便是在這種情況，我們依舊能掌控自己內心的反應，也就是我們的感覺，以及我們如何應對它。最好的方法就是保持微笑。最重要的是，即使在困難之中，我們也要感到幸福愉快。

解決問題的六個實用步驟

一旦問題出現，最好立刻專注在自己「現在」能做的事上。

過去的一切已經無法改變，最重要的是盡可能將思緒專注在正確的方向。盡速問自己下列六個問題，這些問題能指引你找到解決方法：

1. **這個問題能帶來什麼好處？**

要是一時之間實在想不出什麼好處的話，可以試著問自己，這個問題「可能」蘊藏著什麼好處……這能幫助你專注在這個問題帶來的人生智慧。每個人的人生都蘊藏著許多人生智慧，但並不是每個人都在尋找它們。

2. 我的人生中還有哪些不足，所以導致了這個問題？

這個問題能讓你避免將自己視為無助的受害者。也許確實有人對你做了不好的事，但執著於這點無法讓自己前進。較有助益的是去理解到，自己有能力在未來避免類似的問題發生。

3. 為了不再陷入相同的情況，我願意做什麼努力？

最好的情況當然是你不只解決了這次的問題，還建立出能讓問題不再發生的防範機制。有些問題，透過簡單的行為改變就能解決。

4. 有哪些可能的解決方法？向有能力的人尋求建議。

注意，敘述問題時請盡量限制在最重要的部分。你要的是建議，而不是同情。為了「獲得理解」而談論問題，就像是在雜草上施肥一樣，只會讓問題惡化。

5. 哪個解決方法最好？

請不要過度沉迷於過去，那是我們已經無法改變的東西。生氣更是一點幫助也沒有。請專注在解決方法上，並看向未來。

6. 如何在克服問題的同時找到樂趣？

因為問題感到痛苦無法讓一個人變得更有價值。只想在解決所有問題後才開始享受人生，那你幾乎無法體會到什麼樂趣，因為人生往往就是一連串問題的組合。這樣正好。如果你在遇上重大問題時仍能微笑並從中獲得樂趣，可能會被一些人責罵「麻木不仁」或「不夠敏感」，但追根究柢，背後其實藏的是嫉妒，因為你能以這樣豁達的態度來面對問題。

有些問題，將以不同形式重複出現

為什麼是我？為什麼這種事總是發生在我身上？

有時，生活就像刻意要我們學會某個教訓一樣。我們會一次次遇上同樣的事，直到我們終於領悟其中的智慧。你可以搬家、換工作，甚至換伴侶，但類似事件仍會緊緊跟隨。與其試圖逃避，我們應該去研究這項功課。我們無法永遠逃避自己的學習任務。移居到日本的人，只不過是遇上日本版本的學習任務罷了，因為搬家總還是得帶上自己吧。

一開始只會出現細微的訊號，但如果持續忽略它，就會出現更大的——重磅消息。生活不會懲罰我們，而是來教會我們的，一切都有其意義，雖然這些意義往往無法立即被辨認出來。然而，一旦我們了解某個特定時刻的觀點之後，我們將認知到自己究竟少了什麼，可能是同情心、對真正重要事物的關注、對孩子及其他夥伴的責任、內心的平靜……唯有理解了其中意義，我們才不再需要這個特定的經驗。

不是所有的問題都是「生活贈與的」，很多問題是我們自己造成的。賺了多一點錢，就馬上去買更好的車子和更大的房子，因此又製造了新問題。同樣地，我們也會吸引自己害怕的經歷，因為思想會創造環境。

當然，生活不一定總是痛苦的——但有時確實是如此。其中一個重要的原因便是，痛苦通常是我們想改變人生的主因。沒有痛苦介入，很多人就會繼續保持現狀。但當某些事真的讓我們感到痛苦時，我們就會感受到自己的脆弱，因此做出必要的改變。

所有人幾乎都同意，挑戰能讓人變得更強大。

但如果可以的話，大家都會選擇比較輕鬆的挑戰，而不是超出自己能力太多的挑戰。**很多時候，我們想成為我們想成為的人，卻不願經歷我們必須為此經歷的一切**。顧名思義，挑戰與困難可不是什麼讓人輕鬆的事。但這樣正好，因為只有在真正困難的情境下，我們才能成長。

我們的人生很有可能永遠不會「更輕鬆」，不過我們可以成長並學習，好讓自己能更好地駕馭人生。這個章節描述的克服問題的方法，可不是為了讓人生變得更輕鬆，而是為了讓人生變得更有趣。

多數人認為，「沒有問題」才是幸福。然而，贏家都知道，問題永遠會不斷出現。越成功的人，會有越多問題。因此，贏家會學著去喜歡這些問題。即便問題存在，他們依舊能感到幸福——更甚者，他們經常是因為問題的存在而感到幸福。

贏家會奉行這樣的原則生活：**一旦解決了一個問題，我們將立刻為自己找尋下一個全新的、更大的問題**。

富足人生練習 15

今天我會改善自己克服困難的能力，因此我將完成下列練習：

1. 一旦今天有問題出現，我會立刻專注在找出解決方法，馬上回去看這一章的〈解決問題的六個實用步驟〉。
2. 我會讓自己知道，我絕對不是第一個遇上這個問題的人。我會找出在類似情況中已經相當成功的人作為榜樣，並向對方學習。
3. 我了解，真正的問題通常是看待問題的角度。這就跟煎餅一樣。所有煎餅都有兩面，一面比較生，一面比較焦，就像所有事物都有光明與黑暗兩個面向。因此，今天我會問自己：這個問題能帶來什麼好處？
4. 我知道我會在問題中成長，因此我不會逃避問題。每當克服了一個問題，我會立刻尋找下一個新的挑戰。問題對我來說將變成一種「運動」，讓我能鍛鍊我的「成功肌肉」。

贏家心態

16

贏家心態16

同時成為好老闆及好員工

瑞夫是一名典型的「季節性員工」。

一切順利的話，短時間內他能相當勤勞地工作。然而，一到冬季，當收成非常貧瘠時，他就幾乎什麼也不做，只會等著環境自行好轉。瑞夫的導師相當清楚，瑞夫如此的工作風格是絕對不可能成功的。但看著瑞夫辜負自己的天賦，又讓他於心不忍。

當兩人在廚房喝咖啡時，導師決定要給瑞夫好好上一課。

他拿起一壺剛濾好的咖啡，並將整壺咖啡往地上倒。瑞夫嚇得大叫。他以為導師是太過沉浸在自己的思緒，以致於忘記要拿杯子接住咖啡。

導師果斷地搖搖頭。咖啡繼續往四處濺去。瑞夫錯愕地看著地上的一大灘咖啡。

導師解釋道：「地上的咖啡就好比你的天賦，而那個缺少的杯子，就如同你缺乏的紀律。如果你不能將自己的天賦和紀律連接在一起，你就浪費了你的能力，以及你的人生。一個沒有紀律的人，就如同一個不曾真正活著的人。」

在這個章節，我們將探討每個人在專業中都必須克服的最重要的挑戰之一，這甚至可能是成功的關鍵先決條件。以下我們將以自雇者為例。當然，也同樣適用於一般受雇人士。請別忘記，畢竟每個人最終都是在為自己工作。以這個觀點來看，我們每個人都是自雇者。

為何許多自雇者會失敗

許多人創業是為了實現自己的夢想，當自己的主人。不幸的是，總有人會失敗，就連在公司工作時表現出色的員工也不例外。

為何一些多年辛勤工作的人，卻無法成功創業？為什麼他們能長年累月地幫助他人變得富有，卻無法以同樣的方式幫助自己？

答案是：這些人身上缺少了某些特點，但在當員工時並不明顯。時間一久，他們便養成了習慣，直到下定決心自己創業時，才會戲劇性地爆發出來。**他們已經習慣了被控制，以致於只有在壓力下才能完成目標，完全不知道該如何領導自己。**同樣的道理也適用於因為晉升而得到更多自由的員工。

事實上，多數人永遠不敢邁出一步自行創業，因為他們需要承受控制及壓力才能工作。對他們而言，有人盯著並催促他們時，工作起來會更容易。

追根究柢，成功和失敗始終是習慣導致的結果。

如果希望事情有所改變，就必須以能讓自己成功的新習慣來取代舊有的壞習慣。壞習慣正是一個人能遇上的最糟糕的老闆。

看似無關緊要的「關鍵差異」

問題就在於我們低估了「微小差異」的影響。

當我們以些微差距錯過自己的每日目標、每週目標，甚至是每月目標，看似不會有太大的負面影響。工作九小時而不是十小時，似乎沒什麼差別。如果你的月薪只有三萬八千元，而不是你原本預期的四萬元，會有很大的影響嗎？這樣的薪水也很不錯了啊。

那如果是每天都抽出一小時的時間忙裡偷閒呢？每天開四個會議而不是計畫中的五個會議，這也很正常吧？雖然每天表定九點上班，但你九點半才真正開始工作呢？

或許你不會意識到這將對你的收入產生什麼影響。不幸的是，確實會有影響。

事實上，未來幾年內，這將對你產生重大的影響。這決定了你是否會在下份工作付出一一〇%的努力。**因為下一個任務永遠更重要**，它決定了我們能從中成長或失敗。要麼在其中建立起信心，要麼對自己失去信心。

你的行為會決定你將活得平庸，或獲得財富及成功。而這就是普通人和贏家之間的差別。

一開始，或許只是偏離了幾度，但幾年之後，贏家與普通人將以完全相反的方向前進。其中一人越來越成功之時，另一個人將垂頭喪氣，然後還說服自己成功對他而言是永遠不可能的事。因此，請不要被迷惑了——紀律遠遠比它看起來更重要。

紀律會妨礙自由？

有些人會以遵守紀律會妨礙自由為原因拒絕這麼做。於是自由成了被濫用的藉口。

什麼是真正的自由？

人們可以為自由賦予許多含義。以下定義將有助於我們找到某種程度的紀律：自由不是去做所有想做的事，自由是有紀律地去實現自己想做的事。

如果連自己下定決心要做的事都沒有能力實現，我們又怎能稱自己是個自由的人呢？

這樣的人不僅不自由，還是自己不良習慣與弱點的奴隸。他們甚至無法安心訂立計畫，因為他們知道自己很可能無法實現它。請觀察一下那些「無法」將決心付諸行動的人。他們相當悲慘。他們看不起自己，也認為其他人看不起他們。要是這些人聲稱自己是自由的，這絕對與事實不符。

邁向富裕之路

多數人對變得富有需要什麼有著錯誤的想像。例如，許多人認為要獲得財富需要擁有特殊天賦。這樣的人完全忽略自己在無形中，已經將缺乏天賦當成了最大的藉口——因為自己沒有天賦，所以不需要努力。

還有許多人只願意在「保證值得」的情況下，才願意付出一一〇%的努力。但我們不可能「保留」餘力，枯等重大任務出現在生命中。我們必須現在就付出最好的表現，如此一來，我們才有資格得到這樣的任務。如果說贏家有什麼共同特徵的話，就是他們都有盡力克服下一個困難的能力。況且，能帶來成功的事大多不會太困難，更多時候是例行事務。**想變得富有不是去做好特別困難的任務，而是將尋常的任務做得出色**。

運氣就藏在紀律之中。

去做更多**該做的事**，如此一來，我們才能去做更多**想做的事**。請找到一個能讓你信任自己的方法，請相信你一定能實現你的決心。一個經常敗給自己的人，將無法建立起這樣的自信。

如何培養必要的紀律？

紀律並不完全與意志力有關。

更有決定性作用的是我們的目標。一個沒有目標的人，會認為自己不需要維持紀律。反正也沒有用處？目標越明確，我們就越可能堅持計畫。對目標的想像越具體，需要的「紀律」就越少——熱情將取代鐵的紀律。

最重要的是，我們必須給自己指令，並讓自己去實現這些指令。問題是：我們該如何做到這點？答案是：同時成為好老闆及好員工。就算你現在是自雇者，**也必須像有老闆在監督似地認真對待每個任務**。

自雇者必須自己扮演兩個角色：老闆及員工。身為老闆的你，必須制定策略；身為員工的你，則必須有紀律地執行它。**當你給自己任務的時候，你必須清楚知道，這項任務要能被你實現**。

你必須對自己嚴格。任何可能阻礙你實現自己計畫的事，都不應該睜隻眼閉隻眼地通融。身為老闆角色的你，必須將身為員工角色的你長年養成的壞習慣全部斬除。

面對自己，請你誠實

要想同時成為好老闆及好員工，你必須停止自欺欺人。那些光坐在家做白日夢、定計畫，還有天天講古卻不去實踐計畫、一點生產力也沒有的人，都是在自欺欺人。

忙碌和進步很容易被混為一談。我們可以很輕易地以一整天的忙碌來欺騙自己。問題在於：我們究竟在忙些什麼？為了不讓你有機會欺騙自己，身為老闆角色的你，應該每晚捫心自問：今天我的**生產成果**是什麼？今天我做了哪些「能帶來收入的活動」，達成了哪些具體效益？

在回答這些問題時，無論你昨天、六個月前，或是五年前做了什麼都不重要。如果情況改變的話，你明天或三個禮拜之後想做什麼，也都不重要，今天你為什麼無法完成計畫也不重要了。

唯一重要的問題只有：你有沒有堅持你的計畫？你**今天**做了什麼？只有與目標一致的活動才會影響你的收入。

記錄自己做的事

面對自己時，你必須誠實面對自己做了及沒做的所有事——最常被打破的承諾，正是我們對自己的承諾。

當你的計畫及控管都只記錄在腦海，很容易會以為自己做的事比實際上更多。當捫心自問「我今天做了什麼」時，你的良心其實不會很誠實地回答你。它會給一個混著謊言及藉口的答案，這就是我們的天性。

要避免自我欺騙只有一個方法：以紙筆寫下自己「能帶來收入的活動」，並記錄在你的成果之書裡。

在腦海裡，我們能無止境地扭曲所有的事，並視情況所需地任意編改事實。紙本可就沒那麼仁慈：你要麼做了，要麼沒做。請設計一份成功統計表，讓自己只需要填入數字即可。數字可是一翻兩瞪眼，沒有任何模糊的空間。你要麼實現了計畫，要麼沒實現。

沒有紀律，贏家根本無法工作。如果連自己今天做了什麼都不知道，又如何為自己的明天設立目標？如果連自己都沒有辦法領導，又怎能奢望可以領導別人？如果連自己投入的時間、行動與成果之間的關聯都不清楚，又怎能奢望可以增加收入？

沒有人能只憑記憶領導一家企業，因為有太多數字、資料、訊息、事實和細節了。你不能允許自己只憑運氣完成任何事，當然更不能允許自己全然相信自己的記憶力。詳細記錄每件事，在生活的各個領域都能帶來很大的幫助。

贏家總是能同時是好老闆也是好員工。為了避免自己自欺欺人，贏家會寫下所有他們想自我管控的事。

不斷被誇讚的人或許能讓自己感覺良好，但也將失去精進自己的機會。建設性的批評雖然聽起來並不總是令人愉快，卻相當有助益。贏家永遠希望盡可能獲得真實的回饋，他們也會真實地面對自己——即使這可能很傷人。

贏家知道：**一個不能聽命於自己的人，只能聽命於別人。**

富足人生練習 16

今天，我要讓自己有能力同時成為好老闆及好員工，因此我將完成下列練習：

1. 我知道自雇者的成功關鍵，取決於能否培養紀律。我會規定自己培養紀律。在此之上，每個細節都是關鍵。今天，我將分毫不差地遵循我所有的計畫。
2. 我決定要同時成為好老闆及好員工。我會嚴格對待自己。我會控管自己，就像老闆監督員工那樣。我不會接受為別人工作比為自己工作還更辛苦。我知道，如果不能控管自己，勢必得由他人來控管我。要麼我聽命於自己，要麼我只能聽命於別人。
3. 每個工作日結束時，我會嚴格檢查我的成果。因為我——就和其他人一樣——也不可避免會有自我欺騙的傾向，因此，我會以紙筆記下我所有的成果，以及我做了多少「能帶來收入的活動」。
4. 由於沒有人可以一輩子維持紀律，所以我每兩個禮拜會計畫一個「廢物日」。在這一天，去做任何我想做的事、吃任何我想吃的東西、想睡多久就睡多久……去向所有的紀律請一天假，這是完全可以接受的，因為這也是計畫的一部分。但在其他日子，我會嚴格遵守紀律。一旦發現自己有鬆懈的可能，就會提醒自己，下一個「廢物日」已經不遠了，這給了我繼續維持紀律的力量。

贏家心態
17

贏家心態17

給自己訂個偉大的目標

曾有位美國的石油富商，為他的學生制定了遠大的目標與計畫，學生卻對導師寫在紙上的數字感到不可置信。熱血沸騰的富翁毫不遲疑地持續滔滔不絕，甚至還擴大了這些願景。

學生認為這些目標相當值得努力，但卻無法認同。他認為這些目標不切實際，而且他一點也不相信自己能實現它們。

當學生告訴富翁自己的疑慮時，富翁這麼回答：「我之所以能獲得財富，正是因為我為自己設下了遠大的目標。對當時的我而言，要達成這些目標可說是天方夜譚，因為它們遠超出了當時我擁有的能力。但漸漸地，隨著我的進步，最終我還是實現了這些目標。」

他邀請學生一起前往他的菜園。菜園的角落有許多巨大南瓜，每個南瓜都長得很像，只有其中一個特別奇特，而且遠比其他的南瓜要小。因為這顆南瓜是長在一個玻璃瓶裡。

這時，富翁說道：「我相信多數人會失敗，是因他們想成為平庸的佼佼者。我們的目標決定了我們的成長。我們會逐漸適應這些目標，就像這個南瓜適應了玻璃瓶一樣。可惜的是，多數人都為自己設定了過小的目標，以致於限制了自己的成長，也困住了自己。如果我們只想從生命中拿到一小塊，生命就會懲罰性地真的只給我們一小塊。人生苦短，不應碌碌無為。」

／

我們都已經是設定目標的大師

市面上有大量關於設定目標的書可以參考，但我們並不需要。我們早就知道怎麼設定目標了，否則你是怎麼得到現在所擁有的東西？剛裝潢完的房子和每天開的車，都是你已經達成目標的例子。

知道自己想要什麼東西，然後找出得到的方法——就是這麼簡單。只要想望夠強烈，就一定能找到方法實現。

多數人無法獲得更多成就的主因，正是因為他們只願意追求一蹴可幾的事物，而不是自己的夢想或更遠大的目標。《格列佛遊記》的作者強納森．史威夫特曾諷刺地說過：「受眷顧的正是那些不期待任何事物的人，因為他們不會失望。」

我們的期望及由此延伸而來的目標，決定了我們能在生命中獲得的事物。期望自己能得到些什麼，並為此付出足夠的努力，就能得償所願。唯一需要注意的，就是目標不要訂得太小。

我們不該因為一個目標看起來遙不可及就拒絕追求它。隨著時間逝去，唯一會後悔的，就是我們沒去做的事。如果有天你在回顧自己的一生時，悔恨地問自己：「要是當初設定了更大的目標，我的人生會有多不一樣？」這種感覺一定很糟。

微小的願望不算是真正的目標

如果你想獲得一定的高收入，那這個願望就必須對你無比重要。是的，我說的的是「必須」。

你應該從未聽過有人對自己說「要是我可以達成更大的目標就太好了」——

然後還真的就這樣達成了目標。因此，你必須非常渴望達成你的目標，以致於如果沒有做到，將讓你異常地痛苦。

在這個世界達成偉大成就的人，從不會依照「現實」行事，而是早已下定決心要「改變」現實。他們是如此沉浸在達成目標的想像之中，以致於再也不能，也不願屈服於眼前的現實。

目標的好處

你有沒有拼過一千片的拼圖？或許你還記得，在拼拼圖時有個範本是多重要的事。如此一來，你才知道自己要找些什麼，好讓每一塊拼圖有意義地組合在一起。

基本上，人生的拼圖比一千片拼圖要複雜得多。有如此多書籍、雜誌、顧問、講座、機會、網站……我們必須在這麼多拼片之間做出選擇。這就是為何我們需要準確的目標——一個「範本」。

首先，其實我們是否達成了自己設定的遠大目標，一點也不重要。這樣的說法看似與先前的內容相互矛盾，但繼續看下去，你就會漸漸理解原因。事實之中經常存有相互矛盾的悖論。

當我們抵達目的地時，會發現這只是旅程中的一站，我們並不是為了達到目標而活著。目標之所以存在，是為了讓我們活得更輕鬆、有效率，並賦予我們前進的意義。因此，目標具有以下三個好處：

1. 目標給了我們一個定點，好讓我們能以此調整航道，否則我們根本不知道該往哪個方向出發。
2. 目標能在一路上提供我們不可或缺的指引。只有當機會對我們有意義時，我們才能辨認出它們。
3. 目標給了我們出發的原因及動力。

偉大目標的意義

除此之外，偉大的目標還能帶來更多好處。如果想為自己的人生創造突破性的改變，你就需要更大的挑戰及更大的目標。

突破性的成長來自突破性的目標。

這不僅是指一棟夢幻房屋或是一輛豪華轎車，與奢華、舒適無關，也不一定要和錢有關。重點是你的性格，它關乎的是每個人在追求目標的過程中養成的人格特質。不論我們最終是否達成所有自己設定的遠大目標，一點也不重要。真正重要的是我們一路上的努力。如此一來，我們才能學習、成長，並培養出新的能力。

一個遠大目標的真正價值，是讓人在追求目標的過程中有所成長。設定的目標越高，就必須有更大幅度的成長才可能達成。

許多人甚至為自己設定了窮畢生之力也無法達成的目標。這些人清楚知道，只付出一半的努力是不夠的，而是必須付出一一〇%的努力。這能讓他們不斷提升自己。只有當我們渴望獲得生命中最美好的事物，我們才會全力以赴，並在這趟旅程中成為我們能成為的最好的自己。並且，追隨遠大目標的人，在前進的路上，就不會因瑣碎的阻礙而困擾。

即使他們最終無法達成所有原先設定的目標，也必將實現了許多目標。想伸手抓住星星的人，可能無法一手網羅所有星辰，但他絕對會躍上樹梢。通往目標的旅程將開啟許多新奇、有趣與美好的新事物及新知，單就這點已經值回票價了。

從這個觀點來看，旅程本身已是目的，也正是不需要實現所有目標的原因之一。

但目標決定了我們要走的路。目標越大，道路的品質就越精良；目標越大，我們將變得更偉大。

短期目標與長期目標的差異

若你正想設定目標，一定會很快發現明顯的矛盾之處。一方面，我們對目標要有志在必得的決心；另一方面，是否達成目標有時也沒那麼重要。有時，我們應該盡可能設定遠大的目標；有時，我們應該只設定自己真的能實現的目標。

這些都是悖論。短期目標與長期目標的性質本就不同，卻又相輔相成。兩者有兩大不同之處：一是關於目標設立，二是實現目標的重要性。

設立目標

設定人生目標時應該越偉大越好，但在設定短期目標方面，卻不該好高騖遠。在執行重大的改變前，首先要改變自己，而這確實需要時間。有時甚至遠超出一個人能接受的長度。

多數人會高估自己一年內能做到的事，同時會低估自己在十年內能達成的事。無法實現自己的短期目標很容易讓人失去勇氣，此外，也將削弱我們的自信和動機。因此，制定短期目標時，請務必要設定在自己能實現的範圍內。舉例來說，只要比去年達成的成果多出二〇%就夠了。

再次提醒：長期目標應該越遠大越好，因為這決定了我們將如何利用每天會遇上的無數機會。目標越大，我們能辨認出越多機會，能利用的機會也將更多。長期目標會反映出我們是否想獲得真正的成長，以及是否願意盡最大的努力充實自己的人生。

實現目標

我們當然要全力達成重要的短期目標，接著就能把下個目標訂得更大一點。如果我們一再錯失短期目標，就會無法相信自己能實現長期的高遠目標。實現各種短期目標，將有助於我們建立自信。**已實現的目標能豐富我們的人生，但最重要的是，每個我們實現的目標都將改變我們**。

實現目標將讓我們獲得勇氣與自信，形成正循環。反之，錯失目標將讓我們陷入負循環、越來越沒有自信，最終停滯不前。

三種類型的目標

贏家知道實現短期目標的重要，不過他們也了解，沒有人能萬無一失地做到這點。因此，贏家會將目標劃分為A、B、C三種類型。

・**C目標**：這是不必一定要實現的目標。你只需要記得有這件事，直到哪天你決定還對它有沒有興趣為止。

・**B目標**：這是已經計畫好要做，卻並非「絕對」要達成的目標。訂定這類目標的目的，更多是為了替自己設定一個方向。

・**A目標**：這是必須實現的目標，否則將讓自己的自信心受挫，也會影響到個人誠信。

現在開始，請養成在每個目標前寫上字母的習慣。為目標分類的好處是，我們能在不讓自信心受損的前提下，不去實現我們設定的所有目標。

對A目標我們必須更謹慎看待，因為這是我們無論如何都必須實現的一類。確實達成這類目標，不僅能讓自己越來越有信心，對外也能展現出沉穩自信的形象。我們將能有自信地這麼說：「目前為止，我實現了每個『必須』實現的目標，而未來，我也會繼續這麼做。」

討論到A目標，又可分為長期與短期來討論。

短期而言，應該為自己設定一定能實現的A目標。然而，有時我們也應該超越自我、訓練自己向外拓展，而不時設定超出自己能力範圍的短期A目標，就有助於達成這個效果。

長期而言，A目標將決定我們人生的方向，因此我們不應該設定太多長期A目標。但設定一些看似「遙不可及」的目標是可以的，因為我們的世界永遠不會比我們的目標更大。不要去想這是否**符合**現實，只要專注在你想**創造**出什麼樣的現實。古巴革命的核心人物切．格瓦拉曾說：「讓我們現實一點，去做些不可能的事吧。」

富足人生練習 17

今天，我要讓我的目標為我帶來更多力量，因此我將完成下列練習：

1. 思考我的長期目標，並考慮是否要設定更遠大的目標。畢竟，沒有任何事能比我的長期目標更能影響我的人生了。目標越大，我的人生就越豐富、精采。
2. 不能理解遠大目標的人，不值得我聽他們說教。這只會引起毫無意義的討論，而那些無意義的談論只會奪走我的力氣，讓自己產生毫無來由的懷疑。與其如此，我還不如好好思考一下，那些能幫助我實現目標的人會在哪裡。
3. 為了讓目標不變得太抽象，我將製作一本夢想相簿，貼滿與我的夢想相關的圖片（可以從雜誌上剪下圖片、從舊照片裡找出想要的元素，或是自己畫也行）。每天翻看這本相簿能讓我更堅定，最終，相簿裡的這些目標會成為我一定要實現的目標。
4. 我會將短期目標分為A、B、C三類。短期的A目標是我一定要實現的目標，因此，我會把只要努力就一定能實現的目標歸在這一類。這麼做能增加自己的信心，相信自己能去完成更大的目標。

5. 捫心自問：我是否準備好要設定一個遠大的長期目標，即使這個目標窮畢生之力也無法實現？

贏家心態

18

贏家心態18

予人所需

太陽與狂風想一較高下，看誰最強大，能讓路人把大衣脫下。

狂風朝可憐的路人吹出一陣又一陣的颶風。但狂風吹得越強，路人就越用力抓緊大衣，把自己緊緊包裹著。

最後，狂風氣虛力竭地放棄，輪到了太陽。

太陽開始將溫暖的光芒照耀在路人身上。路人很快感覺陽光實在太過炙熱，便將大衣脫了下來。

／

如果能以理解、包容、正面評價、善意、仁慈與親切、關心與平和的方式對待他人，就能獲得更多。這種待人處事的方式，應該與一種真誠的願望結合，也就是真心希望別人也能過得和我們一樣幸福快樂。為了不再重複上述列舉的所有特質，就讓我們簡單將之稱為「愛」吧。

愛是解決所有問題最快的方式

「愛」不僅是一種自然形成的感覺。這個字似乎已經被使用得太氾濫了，但還是有很多人因為害羞不願意使用它。然而，當我們思考他人最需要什麼時，「愛」確實最能切中核心。相較於其他力量，「愛」能讓我們與他人的關係變得更簡單，也是解決所有問題最快的方式。

「愛」是宇宙中最強大、最具智慧的力量。投入的愛越多，就能越快實現目標，並且獲得越多的能量。如果你能選擇以最大或最小的阻力去實現目標，較合理的方式顯然是選擇最小阻力。「愛」不會造成任何阻力，因此能最快引領我們達成目標。其他方法都將產生摩擦力而損耗我們的能量。以經濟效率的角度考量，每個人都應該永遠選擇「愛」。

「愛」是最強大的力量，但在真實生活中，很多人卻更傾向於使用爭吵。很多人認為爭吵是最快達成目的的方法，因為它能製造出最大的聲響。爭吵看起來是那樣張揚有力，因此顯得如此有效。它讓我們看起來十分強大。然而，爭吵在多數情況中，只能短暫地解決問題。長期看來，爭吵只會製造出新問題。沒有任何力量能比愛更簡單、有效。一滴蜂蜜總能比一罐膽汁更能吸引蜜蜂。

問題是，該怎麼做？

一位能讓病人感受到關心的醫生，便能獲得更多信任，也能更有效地幫助病患。在銷售方面，同樣也能因此更快實現目標。管理員工時，理解與關懷更是關鍵的基礎。能坦率對孩子表現出關愛的父母，才能給孩子真正有意義的教養。

只有愛與理解能建立起長期信任，而這正是人們做任何事的基礎。

許多人雖然心懷善意，卻不知如何表達愛，並讓人理解那是愛。大家都了解「對待別人要像對待自己一樣」這個道理，這確實帶來了很多好的影響，但也不盡然只有好的一面。畢竟，人與人之間有許多差異，別人的願望及需求，和我們不一定相同，我們不能以自己的價值觀作為溝通的標準。正因如此，贏家心態的第十八條準則是**予人所需**。對待別人要像對待自己一樣。我們不能傷害別人。要做到這點，就必須正確地理解對方。

而這需要花時間仔細觀察。每個人都會不停發出訊號，告訴別人自己的需求及願望是什麼。關鍵就在於認出這些訊號，並學會解讀它們。唯有如此，我們才能以不僅是對自己，同時也對對方最好的方式待人。最理想的情況下，如此一來便不會再發生任何衝突。

將自己和他人的關係想成是一個銀行帳戶，如果帳戶已經透支，突然來了一筆帳單，就會產生問題；但如果帳戶裡的餘額充足，即使來了一筆意外的帳單，也不會造成太大的影響。因此，我們應該努力增加關係帳戶裡的存款，餘額越多，關係就會越和諧。

增加關係帳戶餘額的二十四條金律

以下二十四條金律，將指引我們做到真正的「予人所需」。遵循這些規則，就能增加關係帳戶裡的餘額。

1. **盡可能鼓勵他人**。請讚美別人的成果，無論那看起來有多微不足道。讚美就像溫暖的陽光，少了它我們就無法成長。讚美永遠不嫌多。

2. 給別人留面子。請不要讓任何人出糗，也不要羞辱人，請淡化別人的錯誤。

3. 當事人不在場時，請只說他的好話。如果想不出任何正面評價，保持沉默也行。

4. 用心觀察他人。如此一來，你就會發現對方做的好事。讚美別人時，就能說出具體的事例，不會聽起來像是在奉承。

5. 永遠鼓勵他人追求高尚的精神及動機。每個人都喜歡被認為是慷慨無私的。如果真心想幫助對方變得更好，請對待對方如同他已經擁有了這些特質。如此一來，他將會竭盡所能地不讓你失望。

6. 少批評人。最好只是間接批評，也千萬不要人身攻擊，請就事論事。絕對不要寫下攻擊人的話。請讓對方感受到你是真心欣賞，而且想幫助他。

7. 請給別人感覺偉大的機會。不要炫耀，反之，應該承認自己的弱點。請保持謙虛。如果你想樹立敵人，就儘管打敗別人；如果你想結交朋友，請讓自己被別人打敗。

8. 如果你犯了錯，請道歉。如果你預計會受到指責，那就搶在對方發現之前承認，最好是你已經先訓斥了自己一頓。

9. **提出建議，而不是下命令**。如此才能促進合作，而不是抗議。

10. **以同理心回應他人的憤怒**。人表現出憤怒通常只是在尋求幫助與關注。請給予他人同理心及關注，他們的確需要這些。

11. **少談論自己**。請給別人說話的機會，並當個好的聆聽者。

12. **讓對方相信這個想法是他想出來的**。每個人都更樂意看見事情是按照自己的想法來進行。一個好的想法，不論是誰想出來的都沒關係。大海是所有溪流的統御者，正是因為它能謙虛地讓自己處於最底部。

13. **不要打斷對方**。即使你認為他是錯的也不行，因為只要對方還有想說的話，他大概也不會多仔細地聽你說。

14. **請試著從別人的角度看事情**。印地安人有句俗諺：「請先穿上別人的鹿皮靴走上一英里再說。」請永遠先問自己：對方這樣的行為背後的原因是什麼？理解一切意味著寬恕一切。

15. **永遠不要執著於證明自己是對的**。默默當個比較聰明的人就好，不要戳破對方。承認自己也可能錯了，有助於化解所有可能的紛爭。

16. **時常送禮——即使沒有任何理由**。請以有創意的方式帶給他人歡樂。別出心裁的禮物能證明你為對方花了多少心思。

17. **與他人意見不同時，請先保持冷靜**。請先真誠地傾聽對方，並試著找出彼此的共通點。對自己保持批判的態度。答應對方你會考慮他的意見，並感謝對方的建議。

18. **真誠地對別人感興趣**。請把對他人感興趣當成座右銘，而不要總是只對自己感興趣。展現出你如何關心並想幫助對方。

19. **微笑**。一個沒有笑容的人，最需要的東西就是微笑。

20. **永遠以全名稱呼別人**。這能表現我們對對方的尊敬。每個人都喜歡聽自己的名字，這比被用替代名稱好得多。當然，前提是你得記住別人的名字。

21. **學習從別人的觀點看待事情**。問自己：他真正需要的是什麼？我如何才能為他帶來好處？

22. **確保每次談話，都能讓別人感覺更好**。即使講電話也是一樣。第一，讓對方對自己感覺更好；第二，讓對方對你的公司感覺更好；第三，讓對方對你的感覺更好。

23. **盡快原諒別人**。請永遠不要記仇。

24. **每當你想起對方，請靜靜送上你最美好的祝福**。

當然，我們不可能立刻掌握上述所有規則，或許也沒有任何人能永遠遵守全部的規則。然而，我們還是該盡可能以接近這種理想狀態的方式處世。

先對他人產生愛的感覺，並不是執行這二十四條金律的必要前提。上述這些行為，都是用來加強現有的感覺——而這些行為往往也會先喚醒一種情感。二十四條金律的最重要基礎，就是寬容。當我們對其他人越感興趣、當我們越努力去理解他人，我們就會變得更寬容。

或許，有些人會利用上述的一些規則來達成自己的目的，這並非是上述法則的真正用意。長遠來看，這麼做對你自己和其他人都毫無益處。這裡要追求的不是短暫的假象。如果植物開始枯黃，你不會為了讓它看起來比較好看，就把它們塗綠吧？你會照顧它並幫它澆水，對嗎？這二十四條金律的真諦，是為了幫助你真正做到給予他人他們需要的東西。

我們看見的不是真實的世界，而是自己的本質

如果我們經常抱怨別人，並認為自己一直被惡意的人環繞，那問題可能不在別人，而在我們自己。世上不存在所謂的「客觀事實」。人總會將自己的想法投射

在別人身上，我們在別人身上看見的，都是我們自己內心的想法。

要以寬容與愛來看待他人，有以下三種方法：

- **首先，我們必須要與自己和解**。只有先喜歡自己，才能開始喜歡別人。
- **其次，我們應避免過度分析他人**。將一朵花按照每個「組成細節」分開來看，只會破壞了它的美。
- **第三，請專注在世界的美好與善意**。很多人都喜歡講別人的閒話。這樣的行為不僅貶低了別人的價值，也將為自己帶來負面的影響。**喜歡講別人閒話的人，會習慣關注錯誤和弱點**。如此一來，他們眼中的世界，就會是一個充滿錯誤與不足的地方。反之，總是試著去尋找他人好的一面的人，會經常發現美好之處，將能以更愉快及和善的視角看待世界。有一句古老的諺語是這麼說的：「你從他人身上看到什麼，你就會變成什麼。當你看到光，你就是光；當你看到汙穢，你就是汙穢。」

被責罵了該怎麼辦？

一位年邁的大師決定不再與人戰鬥。儘管如此，卻有位年輕戰士向他發出挑戰。

然而，大師只是坐在那，沒有回應對方。於是戰士開始挑釁。他先是侮辱大師，接著以最糟糕的話語侮辱大師的祖先。但大師仍然只是默默承受著這些羞辱。最後，戰士一臉沮喪地離開。

弟子們見狀，不解大師為何不反駁，他們甚至覺得有些丟臉。於是大師問道：「如果有人準備了一個禮物給你們，但你們卻不接受這份禮物，那麼，這份禮物最後會屬於誰？」

弟子們回答：「當然是那個送禮的人。」

大師繼續問道：「同樣的道理，嫉妒、憤怒，以及憎恨也是一樣。只要你不接受，它們就將屬於別人。」

一段關係中，只有雙方都堅持給對方需要的東西，才能長久並讓人有所收穫。但有些人卻不打算這麼做，這時，退出這種人的生活或許是比較好的做法。這個建議並沒有要你無意義地不斷犧牲自己，不過稍微嘗試久一點，絕對比過早放棄要好。

有時我們會發現自己對家人與伴侶，並沒有給予與陌生人同等的尊重及關注。他們絕不該受到這樣的對待。請不要忘記：我們應該給每個人他們需要的東西，對我們最愛的人更應該如此。

富足人生練習 18

今天，我要提升自己「給予他人所需事物」的能力，因此我將完成下列練習：

1. 今天，我會讓自己重新意識到「愛」是最有智慧，以及最省力的生活方式。因此，今天我會下定決心，給予他人他們需要的東西。
2. 我會做一張檢查清單：我和生命中最重要的五個人的「關係帳戶」看起來如何？我會自問，今天能做些什麼來「增加帳戶裡的餘額」。
3. 今天，我會一再提醒自己要以「二十四條金律」處世。我知道如果想讓這些準則變成我生命不可或缺的一部分，就需要盡可能熟讀它們。因此，我會把二十四條金律印下來掛在牆上或是隨身攜帶，並且在今天每次進行重要談話前，都重新讀一次。
4. 我會將自己對特定人士的態度記錄下來。當我一再重複這個練習，就可以比較自己的筆記。任何在生活中長時間實踐二十四條金律的人，都會感受到自己內在的改變，開始發自內心地欣賞越來越多人。金律本身已經成為了一種目標與內在需求。
5. 如果現在有一段伴侶關係，今天我會和伴侶出門約會。我會給對方絕對的注意力，且保持禮貌與風度，就好像這是第一次和對方約會一樣。我會為彼此創造出一段「魔幻時刻」。

贏家心態

19

贏家心態19

別分心

湯姆和山姆兩人同在一間新公司擔任業務。

湯姆是個非常主動活潑的人，但似乎經常碰上壞運。有一次，他的車無緣無故發不動，接著又不小心弄丟了識別證而必須盡快重新申請。另一次則是他住處地下室的水管突然爆裂，他只好留在地下室拯救所有還能救的東西。

山姆則是一個相當懶惰的人，他愛極了所有電視影集。他會刻意不把工作行程排得太滿，只因為不想錯過最新一集的電視劇。

人資主管在幾個月後解雇了山姆，山姆毫無反抗地接受了。但人資主管也解雇了湯姆，而後者則激烈地抗議：「你怎麼可以把我和山姆這種懶惰蟲歸為一類。我好歹也是有意要好好工作的人，只不過是個受到惡劣環境干擾的倒霉鬼而已。」

人資主管回答道：「我的責任是為公司的利益著想。如果不能達到我們的業務目標，那危及的是整間公司及所有員工的生存基礎。從這個觀點出發，究竟是出自什麼原因而無法達成目標，一點關係也沒有。最終的標準只有一個，就是成果。」

為了要真正成功，我們必須集中所有精力，將全副注意力專注在單一活動上。很多人都難以達到這種程度，因為他們總是很容易分心。萬物皆能讓人分心：體育賽事、眼前的問題、特定的生活情況、與伴侶的爭執……甚至是天氣。一旦下起雨，有些人就無法有效率地工作——因為「陰天會讓人情緒不穩」。但另一方面，這些人又希望別人理解，天氣好的時候，他們也實在無法專心工作。

我們的態度和思考方式也會導致分心。如果你因為剛完成一筆大生意就決定今天只工作到中午的話，就是在讓自己分心，因為這和你因為受挫就停止工作的結果是一樣的。

越戲劇化的藉口，越讓人自憐

分心真正的危險在於，人們太愛拿它們當作無法成功及缺乏努力的絕佳藉口。

有些人會浪費大量精力去發明「絕妙」的藉口，想在沒有達成目標的情況下仍保持良好形象。反之，贏家會將精力運用在解決問題，希望自己是因達成了成果而成功。只有成果才算數——藉口不算。即便發生了各種干擾因素，贏家依舊能取得成功。

「戲劇化」的藉口讓人感覺更安心，因為聽起來顯得更合理。不論你是因為暴風雪，或是單純想看電視所以沒有完成工作——結果都是一樣的。讓人分心的藉口越誇張，在自己和他人面前作為藉口就顯得越合情理。

無論你是因為開車遇上了颶風，又好死不死開著開著碰上了地震，最後又在路邊發現了一隻被路殺的羊，只好先好好安葬牠後再上路，結果輪胎又卡在一條新鋪好的柏油路，然後引擎又剛好熄火……或者你只是單純今天一點工作的興趣也沒有而想待在家裡，**結果都是一樣的**。

所有令人分心的事件的本質都一樣——它們都會對結果造成阻礙。而戲劇化的分心藉口的最大問題，就在於人們還會在其中自怨自艾。

當然，我們都寧願拿暴風雪還有壞掉的引擎來當藉口。請記住：**藉口的意義是，讓人將注意力從自己轉移到其他人事物身上**。我們將成為意外狀況的犧牲者、放棄自主的權利，轉而尋求同情和諒解，而不是尊重和肯定。

我們都有決定的權利：要麼被分散注意力，要麼繼續實現目標。

當你問一個人：「請問你過去五年都在做什麼？」對方回答道：「我都在處理各式各樣的煩心事。」請問你會如何看待他？如果一個人大部分的時間都在分心，那他就會被人生推著走，而永遠無法掌控自己的人生。相反地，那些為了自己的目標而努力，不允許自己分心的人，將得以成為自己人生的設計師。

在人生中專注什麼，就會在那方面獲得成長。實現目標能改變我們，不停被分散注意力也會改變我們。過度重視人生中所有不可預期狀況的人，就不該訝異它們將成為你人生中的怪獸。有些人的一生，確實看起來就像是一個巨大的藉口。

為干擾問題預留時間

歌德說過：「有件事是你絕對能期望的——那就是突發狀況。」

永遠會有各式各樣的干擾出現。我們該學習的，是如何應對它們。絕大多數的干擾，乍看之下都比它們實際上來得重要許多。其中，有很多干擾是可以直接忽略的。剩下的，至少我們能在當下忽略它們。意思是，我們可以安心地將這些事延到之後再煩惱——也就是下班後。

但確實有部分干擾會需要我們馬上撥出時間處理。既然總會有部分突發狀況及緊急事件出現，我們就該事先做好準備。

如果有位計程車司機，每年冬天都會有幾次無法順利載客，只因為他經常到了冬季會忘記為輪胎掛雪鏈。請問你會如何看待這位司機？你一定會說：「他明明可以提早做好準備。」如果已經可以預見某些地區每到冬天就會下雪，只要提前做好預防措施，許多干擾根本不會發生。

不過，我們確實無法準確預估所有突發狀況，人生也不是完美計畫的翻版。有時，情況就是十萬火急，必須立刻處理。這類狀況每週，甚至每天都會發生的可能性很高，而處理它們訣竅就在於：將干擾排進計畫裡，而不是讓干擾毀了計畫。大原則就是：你配合干擾，或讓干擾配合你。

最好的方式是，一開始就在每日計畫裡保留一段處理干擾事件的時間，每天至少預留兩小時給這類突發事件。如果恰好干擾事件發生，計畫就派上了用場；如果幸運地沒有突發狀況，你就獲得了多餘的時間。千萬不要讓這些干擾迫使你偏離了原本的計畫。

同樣地，你可以每兩週就預留完整的一天來處理突發事件，每六個月就保留三到五天時間。最理想的情況是，如果你負擔得起，立刻雇用一個人來幫你處理可以外包出去的干擾事件。

如何善用干擾

這種情況你是否似曾相識：你正忙於工作，卻突然有人闖入房間？很可能你早就為此煩惱過。然而，我們真的該將所有意外到訪的人貶低為「干擾」嗎？難道人還比不上工作重要嗎？要是這個人只是因為無聊想來閒聊一下，那他就是時間小偷；但如果是小女兒有重要問題想和你討論，那她絕對有優先權。

這時，如果你的計畫安排得當，就能立刻撥出一些時間陪陪女兒，也不會因此錯過你的目標。事實上，這樣的「干擾」甚至能讓你得到有助於繼續工作的正面能量。之後，你重新坐回椅子上，回想女兒進房間之前，自己正在做些什麼。「分心」能讓我們注意到，自己剛正處於分心狀態。

事實上，我們無法、也不願意完全避免干擾。但我們能利用干擾，讓它們變成一種訊號，提醒自己：現在是時候快速檢查一下，我剛剛還在最佳的工作狀態嗎？你可以問自己下列三個問題：

1. **我剛剛是否已充分利用時間？**
2. **我是在處理問題，還是在研究長期的解決方案？**
3. **同樣的時間，是否用於實踐對我人生更有意義的事會更好？**

在贏家的生命裡，「干擾」自有它存在的價值。贏家會聰明地處理它們，並為它們安排時間。贏家不會受干擾誘惑，以及把它們當作藉口濫用。即使有干擾——贏家依舊能實現目標。

富足人生練習 19

今天，我要提升自己處理干擾的能力，因此我將完成下列練習：

1. 今天我不會找任何藉口。藉口只會讓我分心。我要掌握自己的人生，不成為任何突發狀況下的棋子。找藉口就表示我將自己的人生大權拱手讓給了突發狀況及其他人。我要把精力花在實現我的目標，而不是找藉口。
2. 今天，我不會因為分心讓自己無法完成目標。今天，我會完成我安排好的所有計畫。
3. 因為總會遇上無法預見的干擾，所以我今天會保留一段時間來處理這些事。如此一來，就能確保是干擾來配合我，而不是我去配合干擾。
4. 如果發生了不可預料的干擾，我會利用這個機會進行快速檢查。捫心自問，我剛剛是否有充分利用時間？

贏家心態

20

贏家心態20

成為高生產力的榜樣

曾有位婦女來找甘地，請他勸自己的小兒子不要在餐與餐之間偷吃那麼多糖。她相信，偉人的話應該比她的話更有分量。甘地回答，他需要三個月好好準備這項任務。

當婦女三個月後帶著兒子再次來找甘地，他只是用簡單的話向男孩解釋，說他不應該吃那麼多糖，糖對健康不好。如果他能更常拒絕吃糖，一定能長得更高、更壯。男孩立刻同意了。

此時，婦女把甘地拉到一旁，想知道為何這麼簡單的解釋，卻需要耗時三個月準備。甘地回答：「為了更有說服力，我得自己先斷糖三個月。唯有如此，我才能給你兒子信心去做一樣的事。」

如果我們能言出必行，不論我們說什麼話，都將更有分量。

我們可以透過自己的話引起的回響，得知我們的話對別人意味著什麼。林肯說過：「你的行為會為你大聲發言，聲量大得以致於我根本聽不見你在說些什麼。」要是多數人不相信我們的話，那原因通常不在別人，很可能在我們自己。我們很可能掉進了以下四種陷阱之一。

陷阱一：只顧管理，卻毫無生產力

每位自雇者和經理人，都會處於以下四種管理階段之一：

・**生產階段：**一開始，很多人確實很有生產力。他們會將多數時間用在能創造收入的活動上。只要我們還停在生產階段，我們就能賺到錢。只有當我們自己具有生產力，我們才能言之鑿鑿地談論自己未來的目標。

・**管理階段：**一旦自雇者發現自己無法獨自完成所有任務，就會開始尋找合夥人或員工。在管理階段，他們大多數時間都得花在鼓勵及幫助他人。現在，他們不再親自進行生產活動，而是需要激勵他人變得更有生產力。問題不在於邁入管理階段，而是離開生產階段、只做「重要工作」之後，一旦失去生產力，很快就沒有人會把他們的話當一回事。

・**監督階段：**在這個階段，人們將成為管理者的監督者。一般情況會像這樣：員工及下屬通常會把老闆當成榜樣。新員工入職後，「老鳥」通常會將訓練及鼓勵新人當成自己的任務。這樣很好，只要老鳥也別忽略了自己要繼續貢獻生產力。儘管如此，因為每個人都認為自己必須去做「重要工作」，這樣的情況還是會一再發生：高階主管要監督中階主管，中階主管要監督積極的新人生產者。生產活動被層層下推，整體生產力並沒有隨著新員工的加入而成比例增加。

・**監督監督者的階段：**公司繼續雇用新員工。上一階段還算有生產力的員工，此時已經成為新人的主管。同時，管理者則成為監督者，原先的監督者，則進階為監督者的監督者——現在，他們抵達了管理階級的金字塔頂端，認為自己無比重要，要做的就是評估與推動任務。畢竟總要有人負責監督高階主管，確認他們有妥善監督管理，好讓中階主管確保新員工有在進行生產活動。

你會驚訝地發現，一間公司能以多快的速度——而且是一而再、再而三地——掉入這樣的陷阱。原因自始至終都沒變過：人類傾向於按照職位，而非自己的生產力來評斷自己的重要性。但事實上，**可信度只會來自於行為，而非職位**。點燃別人的熱情之前，我們必須先為自己的熱情燃燒。想維持自己的可信度，我們就必須保持生產力。

陷阱二：陷入「曾經我也是號人物」的想法

很多人往往只能靠細數過往的成功經驗而活。這種人不過是自己過去的影子。我們都該小心不要被這樣的人矇騙，或也成為這樣的人。

不論你的工作是什麼，想被人認真看待，就必須定期表現出生產力，並達成一些成果。至於「定期」該隔多長一段時間，每份工作都有自己的合理性及週期性，不論這樣的週期是多久，我們都必須遵守。

藝術家可能每隔兩年就必須發表新作品。外科醫師或許能休業一年，但接著就必須再次執刀。在所有的產業裡，銷售員的週期都非常短暫，一名多年前曾創下空前佳績的銷售員，如果近幾個月的銷售成績都掛零，你就得嚴格審視他了。正常來說，一名以佣金為生的銷售員，表現只能以他最近一筆的業績來衡量。

陷阱三：高談「我以後會是號人物」

當一個人高談未來的計畫，給人一種一切都已經實現的印象時，請務必對此保持懷疑的態度。總有人能巧妙地將眾多沒實現的事，與少部分有完成的事混為一談，讓人以為他們已經成功了。但事實上，他們不過是吹牛大王。

聲譽永遠奠基於已實現的成績，尊敬則建立於當前的活動。當然，好的領導者通常也是有遠見的人。在多數人只看得到眼前的情況時，領導者卻能預見事物未來的樣貌。但他們必須有能力將自己的熱情傳遞給其他人，讓更多人願意一起為了共同目標努力。

要做到這點，領導者必須保持一致。在實際觀察領導者的工作情況時，他必須能讓人信服──「像他這樣做事，一定會成功」，必須讓人有這種印象。一個真正有遠見的人，工作一段時間後，就應該有一些初步的成果可以展現。空洞的說詞永遠無法取代辛勤工作以及由此產生的結果。

陷阱四：不做榜樣

許多人都渴望成為比自己更偉大的願景的一部分。如果你已經有一個願景，也能清楚地傳達給其他人，你應該很容易找到員工。然而，很多人卻很難做到這點，總怪罪於好人才難尋。事實上，如果我們散發著吸引力，就一定能吸引到人才加入一項令人振奮的工作。但沒有人喜歡追隨一個不值得尊敬的榜樣。

請你嚴格地問自己：你會想追隨一個像你一樣的人嗎？過去三個月內你完成了些什麼？請回顧你的紀律和你的工作方法。你過去的毅力如何？你是否可靠地逐步實現著你的目標？你過去許下的諾言，如今都實現了嗎？

要想激勵身邊的人做更多事，自己必須要先付出更多。你總不能自己舒服地坐在家裡，卻想「遙控」別人去做更多事吧？如果無法讓自己繼續保持生產力，長遠來看是不可能成功的。

以生產力為你周圍的人帶來驚喜

這句話不是要你沒有目的地讓自己忙碌起來，而是必須展開更多「能帶來收入的活動」。

隨著你變得更成功，工作範圍也會因此發生轉移及改變，但你始終要能持續證明，自己有能力帶來具體的成果。務必讓自己能不時與員工一樣展現成果，向員工展示你的工作方法是有效的。請不斷以新的想法和實際的成績為你的員工帶來驚喜。如此一來，員工才會相信你說的話，並有信心地追隨你。

你的例子——不論是好是壞——永遠都會影響他人。如果你容易分心，你的員工也會容易分心。如果你是個有紀律又以成果為導向的人，你的員工也會很有紀律，並且以成果為導向。如果你努力工作，你的員工也會同樣努力。如果你實際上沒有自己說的那樣勤奮，也千萬別認為自己可以在這點上欺騙你的員工。

維持高度熱情的三日法則

首先，人類對於自身大腦及潛意識的運作方式的理解還很有限。至今，我們仍無法解釋為何我們的動機與熱情常會迅速消退。不過幸運的是，我們已經知道如何預防這樣的情況發生。有個小訣竅能幫助我們維持高度熱情——三日法則。

「三日法則」的意思是，每隔三天就要產出一個具體成果。不論是什麼，只要能展示出一定的成果就行了。以一個耗時的大型專案而言，或許能將之稱作「階段性目標」或是「部分成果」。很多人經常陷入無法得到成果與無法獲得成就感的困境。與其到處去做很多不同的事，我們應該更專注在單一任務上——至少到我們能取得部分成果為止。

一旦三天內無法展現出任何成果，我們的動機通常就會降到趨近於零，要想再次激勵自己，就得花上大把力氣。請想像一部巨大火車正在全速前進，此時，軌道上有任何阻礙都會被它掃到一邊。如果你能每隔三天就至少產出一點成果，就能一直維持動力，以高效率完成工作。充滿動力的你，也將在不知不覺間成為一個好榜樣。

員工也要遵循三日法則

為了維持一定的動力及動能，你的每位員工，也需要每隔三天就取得部分成果。請向員工解釋這項法則，並妥善設計工作流程，以確保這一點能被實現。

除此之外，你的員工（至少！）每三天就需要你的支援。可以是任何形式的支持、激勵，或任何能讓他們感受到他們並不孤單，你一定會幫助他們的方式。

還在熟悉工作內容的新員工，或許還無法每三天就展現出部分成果，但他也必須每三天獲得一些支持及鼓勵。有很多方法都能做到這點：一個面對面的簡短會議、一次共同活動、一通電話、送一本書，或是傳一段錄好的話給對方等。總之，鼓勵的形式有很多。

然而，要這樣定期鼓勵他人，你也需要動機和熱情。我們必須讓自己「燃燒」起來。

沒有其他方法能比你每天都產出一個成果，更能讓自己保持在軌道上了。**沒有任何事物能比你自己的成果更有助於你維持動能；同樣地，沒有任何事物能比你的公司在任何一個領域取得成功，更能影響你的團隊。**

想讓員工走得快，我們必須先走得更快。

別被自己的成果迷惑

一方面，至少每三天就需要展示部分成果；另一方面，成果不一定代表了現在的努力已經足夠，有可能現在不過是在收割你幾週以前種下的秧苗罷了。

這一週的努力，幾週後才能驗證。這個月做的事，幾個月後才會展現。半年來的耕耘，必須到下半年才會有成果。**這個冬季所有的付出，得等到夏季時才能收割。**

今天取得的成果，和今天的努力通常沒有太大關係。它們是過去行動產生的結果，並在今天獲得了回報。今年的收入，則是過去幾年行動累積的結果。

請不要被成果所迷惑。請檢視自己的行動，並保持生產力。

贏家絕對不會離開生產階段。他們會意識到，自己正在透過今日的活動建造未來。贏家會言行一致：他們擁有生產力，因此能樹立起好榜樣。

富足人生練習 20

今天，我要訓練自己成為有生產力的榜樣，因此我將完成下列練習：

1. 今天，我會努力讓自己停留在生產階段。
2. 我為自己打造一項計畫，目標是讓自己至少每三天就能產出一個具體成果。今天起，我將嚴格遵守「三日法則」。
3. 為了有效支持我的新員工，我會至少每三天就給予他們任何形式上的鼓勵，並且和他們溝通。在他們能遵照「三日法則」工作之前，我都會持續給予這樣的支持。就算往後他們成功建立起自己的「三日法則」，每隔三天和他們有任何形式上的交流，同樣大有益處。
4. 我最重要的領導任務，就是透過「樹立榜樣」來領導。今天，我將捫心自問：我會想有一個像我一樣的老闆嗎？
5. 今天，我將嚴格檢視自己：是否總是沉浸在過往的成功中，或是一直躲藏在願景背後？有願景是好事，但也必須透過行動才能實現。

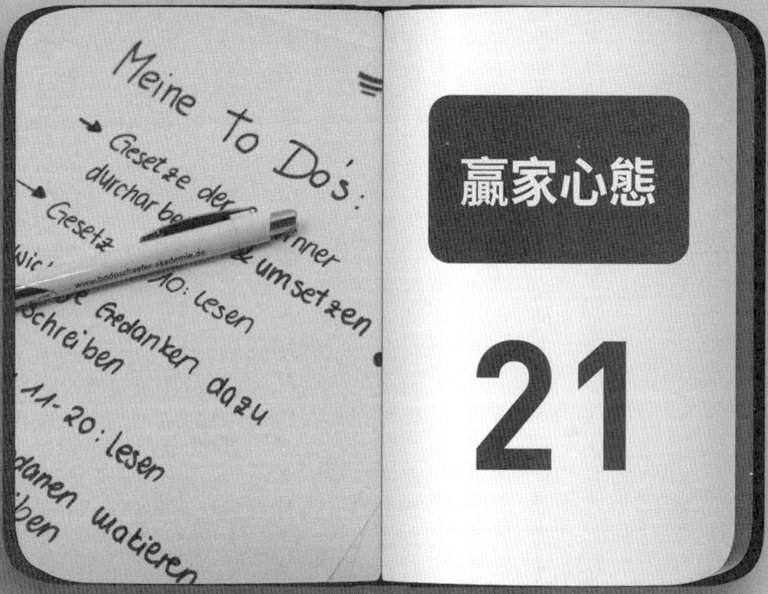
Meine to Do's:
www.bodoschaefer-akademie.de
贏家心態
21

贏家心態21

先做最重要的事

從前，一位男子去看醫生。

他全身無力並且感覺疲憊。很明顯地，工作正式壓垮了他。他腦袋裡不停冒出許多事情，都是他必須去做的，而這一切似乎沒有結束的一天。

特別讓他沮喪的是，他似乎從來沒有時間去做自己生命中最重要的事。前些日子他發生胃食道逆流，讓他夜裡飽受失眠所苦，白天也因此疲憊不堪。他的自信心所剩無幾，也感到越來越憂鬱。

聰明的醫生知道，男子病痛的主因，是他管理生活的方式出了問題。是男子的三個習慣導致他如此痛苦：他把緊急的事與重要的事混為一談、做事習慣拖延，除此之外，還是個完美主義者。

緊急的事與重要的事

「緊急的事」與「重要的事」是不一樣的。

重要的事拖得越久，就會變得越緊急。與此同時，也將讓自己感覺越來越糟。這不僅適用於重要的事，即便是相對不重要的小事也同樣如此。無關緊要的小任務，拖著拖著也會變成大怪獸。

贏家有個祕訣是：他們會將重要的事視為緊急的事，依照「盡可能快速原則」完成它們。

當我們越常把重要的事——其實不重要的事也一樣——從我們的眼前挪開，它們就會變得越緊急，最後需要耗費的時間就會越多，形成一種惡性循環。經常要處理緊急事件的人，就不會有時間處理重要的事。**人生被越多緊急的事主宰，就越少有重要的事能影響我們的人生**。我們為這些緊急事項付出的代價，就是失去人生中所有重要的事。我們不能因為生命中緊急的事，就忽視了生命中重要的事。

想像一下，你正為了一趟旅行整理後車廂的行李空間。假設，你先放進了小件手提包、小袋子、外套，以及其他零零散散的物品。現在，當你要把大行李箱放進後車廂時，卻發現空間不夠了。正確的順序應該是這樣：先把大行李箱放進後車廂，再把手提袋和小袋子等較小的物件塞進剩下的空間。

也就是說，人生中重要的事必須要先計畫，將它們安排進週計畫，游刃有餘之際，才圍繞著重要的事安排其他較小的——不那麼重要的——任務。

七十二小時法則

你是否也曾發生過這樣的情況：已經計畫好要做些什麼事，最後卻還是沒去執行它？可能當時你也曾沮喪地認為，自己大概不是一個特別有紀律的人。

事實上，你只是沒有遵守「七十二小時法則」罷了。

意思是，一旦決定做任何事，就必須在七十二小時內展開行動。如果沒有這麼做，那麼真正去實現它的機率，幾乎就只剩下一％。沒有以「盡可能快速原則」展開行動，我們就沒辦法說服大腦相信我們是真的想做這件事，大腦就不會把這當一回事，並且將逐漸忘了它。

為了讓潛意識認真看待我們的決心並記住它，你必須想辦法讓它到達你的中樞神經系統。但只有給出具體的行動指令，這件事才能真正進入中樞神經系統。在延遲去實現這股衝動的每一個小時，動力都將逐漸減退。

「立刻行動」與「匆忙行事」的差異

「七十二小時法則」及「盡可能快速原則」的目的，並非要我們加快速度。相反地，匆忙行事反而會產生壓力且讓人生病。很多時候，慢慢來的效果甚至更好，緩慢的步調甚至有助於自我療癒。人之所以被創造出來，不只是要用來趕過一項又一項工作的。

曾有名企業家想在叢林裡開業做生意，於是雇用了許多非洲裔的搬運工。企業家不停催趕這些搬運工，但到了第三天，他們索性一屁股坐下，不論他怎麼鼓勵，也不肯起身移動半步。氣憤難平的企業家，要求搬運工好好解釋他們究竟是怎麼了。於是，其中一位非洲人說到：「我們走得實在太快了。現在我們的身體雖然到了，但我們還得等靈魂也一起跟上才行。」

我們都需要平靜，才能傾聽自己內心的聲音，才能好好思考、反省，以及計畫。如此一來，才能為自己生命中重要的事做出決定。立刻行動和匆忙行事之間明顯不同。對於重要的事，我們應該立刻處理，但並不是不計任何代價地以極其迅速的方式完成。

我們不需要一次完成所有的事，也不需要增加速度，但需要真的開始去做——而且是盡你所能地趕快開始去做。請將所有重要的事，都盡可能快速地開始著手處理吧。

拖延症

「盡可能快速原則」也適用於所有你不太喜歡做的事。

偏偏在處理這類事情時，大家普遍很喜歡坐在魔鬼最喜愛的家具——長椅上。這正是大家最容易掉入「拖延陷阱」的時刻。*

你一定也曾發生沒有提早訂好住宿的經驗。現在，你不得不卯起勁來打給任何可能還有房間的旅館，因為所有好飯店早就被訂光了。要是當時有提早訂好住宿，只需要花短短一通電話的時間，現在你卻得打上一個小時的電話。

不愉快的事每往後延遲一小時，就會變本加厲得令人更不舒服。接著，你原想極力避免的事就會發生——它會開始折磨你，黑色的陰影將籠罩在我們的每一天。相反地，要是盡早解決了不討人喜歡的任務，之後的時間就會十分愉快，因為現在開始等著我們的只有喜歡的事。所有任務都一樣，只有解決它的那一刻起，它才會停止催促我們。

完美主義

「盡可能快速原則」還有另一個重要的作用——和「立刻開始」一樣重要：能堅持完成任務。

我們不該讓自己被完美主義阻礙而無法完成工作。完美某方面就意味著延遲。完美主義者會花費大約八〇%的時間來雕琢最後三%的細節，然後九十九%的人完全無法看出其中差異。事實已經證明，所有人創造的事物都不可能完美。

據說，二十世紀後印象派與那比派的重要人物，法國畫家皮耶・波納爾，曾帶著畫筆及調色盤闖進羅浮宮，想重新補強自己的一幅畫。守衛見狀，連忙逮捕他。波納爾為自己辯駁：「這是我的畫作——我還沒畫完。」但其中一名守衛反駁

＊譯注：往後推延的意思。

道：「畫已經完成了，不然它不會被掛在羅浮宮裡。」

完美主義的問題，通常是藏在背後那股對犯錯的恐懼。

就像大家都知道的那句話：「只要事情還沒結束，就沒有人可以看到成果，也沒有人會發現錯誤。」

然而，在多數領域中，這句話應該是：「成功並不屬於那些沒犯任何錯誤的人，而是那些貢獻出成果的人。」一個想貢獻及建立成果的人，一定會犯錯。衡量成果的標準，絕不應該是這中間犯的錯有多少。雖然，時至今日，在許多學校裡，依舊是以這樣的方式來評量成績。但我們應該給大家犯錯的自由，從錯誤中我們才能進步。

IBM創始人托馬斯．華生手下的一名員工，曾不小心犯下一個錯誤，讓公司損失了將近一千萬美元。當這位員工被叫到華生的辦公室裡時，他認為自己一定會被解雇。但出乎意料的，華生卻說道：「解雇你？絕對不會是在我花了一千萬給你做職業訓練之後。」

我們都必須從自己的錯誤中學習，並且讓自己變得更強大（希望也能因此變得更睿智）。規則是：滿是錯誤的開始，也好過於堅持完美而蹉跎不前。在工作上犯下一些小錯，也好過因堅持完美而無法完成。

富足人生練習 21

今天，我要訓練自己這項能力——盡可能快速開始做所有重要的事。因此，我將完成下列練習：

1. 一早起床，問自己：「我不喜歡做的事有哪些？」並優先去解決它們。如此一來，不愉快的事就不會再增加不必要的負擔。越早解決這件事，在今天剩下的時間我就會越開心，因為接下來等著我的就只有愉快的事。
2. 接下來問自己：「今天我最重要的任務是什麼？」然後我會立刻展開行動，並且絕不會讓自己分心，直到完成這項任務為止。即便我會因此一整天沒辦法做其他事，但至少，我知道自己已經完成了最重要的事。
3. 我會問自己：「我能在生活中改變什麼，好讓自己有更多時間去做重要的事，而不是老是必須處理緊急的事？」
4. 不管今天下定決心做什麼，我都會在七十二小時內開始行動。至少會先踏出第一步。我會把讓人對我開啟行動的速度感到驚訝當作一場比賽。今天，我就會開始按照「盡可能快速原則」行動。
5. 審視自己是否掉入了完美主義的陷阱。我手上的任務原本能夠，也應該進行到什麼程度？

贏家心態

22

贏家心態22

為自己全權負責

從前，一位師父讓學生進城賣柳丁。

學生在傍晚回來了，並抱怨道：「城裡的人對我很不友善。大家都說我賣的水果價格與品質不符，我根本賣不出去。」

師父說道：「可惜，你不像柳丁一樣聰明、有智慧。」

學生緊咬著雙唇不發一語。

師父伸手拿起一顆柳丁，問道：「如果我擠壓這顆柳丁，會擠出什麼？」

「當然是柳丁汁。」學生答道。

「沒錯，」師父繼續說，「那如果我拿一把榔頭敲這顆柳丁，會敲出什麼？」

「一樣是柳丁汁啊。」學生咕噥著。

師父又再問：「那如果一頭驢子踩上去，會踩出什麼呢？」

學生不耐煩地回答：「不管用什麼方式，流出來的一直都是柳丁汁啊。」

師父接著說：「不論是什麼東西對它施壓，柳丁永遠只會回應它裡面真正裝的東西。它教會我們，要如何面對眼前的情況，完全取決於我們自己。你在怪罪別人的同時，也等於是把全部的權利拱手讓給了他人。」

/

如果事情不順利，我們經常會習慣找其他意外狀況或其他人來為結果負責。景氣、生活條件、父母、伴侶、公司、健康狀況、產品，或是老闆……你對下面這些話一定一點也不陌生：

「要是這件事沒有發生的話，我就可以……」

「要是我有更多時間或更多錢的話，我就可以……」

「我原本心情很好，直到你……」

這些句子都有一個共同點——都在找代罪羔羊。一個把過錯推給別人的人，同時也把自己的權利拱手讓給了別人。

重點是，自己能從環境裡創造出什麼

唯有開始為自己的人生全權負責，你才能像贏家一樣生活。

也許我們不該為所有發生在自己身上的意外負責。但我們對意外的反應，以及解讀這場意外的方式，絕對是我們自己的責任。也許我們不該為自己現在所處的大環境負責，但絕對應該為自己面對這樣情況的方式負起全責。

你可以拿惡劣的景氣當作藉口——「現在我還得加倍小心」，但你也可以把情況視為轉機——「我有什麼好損失的，再糟也不會比現在更糟」。

在德文的「負責任」（Ver-antwort-ung）這個字裡，藏著「回應（Antwort）」一詞。所謂「負責任」，就是不論所有好的、壞的意外情況，都要好好回應。當你專注於自己的目標，不讓任何事或任何人阻擋你往前的路，你就是在做出好的回應。

蕭伯納曾一言以蔽之地說道：「**人們總是把自己遭受的一切歸咎於環境。我不相信環境。在這個世界上能卓越超群的人，自然會去尋找他們理想的環境。如果找不到，他們就會自己創造。**」

拒絕負責的人將被囚禁，負起責任的人才能自由

《活出意義來》的作者維克多．弗蘭克，是二十世紀最出色的心理學家之一。多年前，他曾被囚禁於集中營。所有家庭成員一個接一個被處決，他本身也受到嚴厲的刑求，與死亡相去不遠。

當時的他，突然領悟到：「除了我自己，沒有人能掌控我內心的態度。他們可以毆打我、處決我的家人，但我的思想永遠屬於我，我有權利決定我要如何看待整個局面。」他告訴自己：「如果在這樣的極端條件下，我都能保有我的身分認同及我的人格，那麼，我相信所有人也都辦得到。」

弗蘭克將他的觀察濃縮成一句話：「人類最大的自由，就是能在任何情況下選擇自己的態度。」

古往今來，有無數的人被奴役或囚禁。他們多希望能獲得自由——像我們一樣自由。我們必須意識到自己究竟有多自由。最重要的是，我們應該每天問自己：「我是否有好好利用這無邊無際的自由？」

每天都有選擇

許多智者都曾提過，每個新的一天就如同一次重生。為什麼？因為我們每天都能重新選擇，決定我們想要的新生活。每一天都是一份珍貴的禮物：它賦予了我們一個時段，讓我們可以在這個時段裡，去改變所有不開心的事。

但我們大多不想承認這份禮物。因為一旦我們承認自己其實有選擇，就再也沒有藉口可逃避，只能去面對自己。也就是說，我們把太多力量交給了自己以外的外部因素。結果就是——無法按照自己的意願生活。這樣做幾乎等同於自我毀滅。毀滅自己的方式有百百種。我們可以破壞自己的身體、愛情，以及夢想。別人也許無法察覺我們做了什麼，但我們確實違反了大自然的原則，在對自己犯罪。許多人認為自己無法自由，是因為沒有足夠的力量去貫徹一連串的改變。但事實上，他們卻能投入大量心力，只為了讓自己繼續被奴役。

許多人難以接受自己需要「為自己全權負責」。那些拒絕負責任的人，就像故事中的這位年輕人一樣。年輕的沃夫剛每天中午都會和同事一起。每次，他都會抱怨自己帶的午餐：「噁心死了，這東西！又是起司配番茄片——我恨透番茄夾起司三明治了。」每天的午休都是如此。最後，他的一個同事忍無可忍地說道：「如果你不喜歡吃番茄起司三明治，就告訴你太太，讓她幫你準備其他吃的。」此時，沃夫剛大聲辯駁道：「我的天啊，我沒有結婚，這三明治是我自己做的。」

在人生中，每個人也都得替自己準備三明治，但我們絕對有選擇的權利。

為自己職涯的成功負責

無論你的工作表現好還不好，最終都是自己的事。公司沒有義務保障你獲得豐厚的收入，推你站上成功的階梯也不是老闆的工作。關掉電視、給你遞外套，或是送你去上班，也不是你父母的工作。

當然，不見得所有事都會一帆風順，但要如何回應這些事，完全取決於自己。你可以讓惡劣的情況絆住你，也可以以「即使全世界的阻礙都出現，我還是會實現我的目標」的態度來面對。

從這個觀點來看，薪水的多寡，完全是自己的責任。人們不會無緣無故獲得「加薪」，你必須值得擁有它。那些不斷放棄機會的人確實可惜。直到有天我們將不得不自問：我究竟將自己的天賦浪費在哪？我們不能逃避那些足以讓我們獲得自由的決定，否則必將後悔不已——並清楚了悟自己浪費了自己的人生。

為自己與他人的關係負責

人們往往不願意承認，自己一直擁有掌控自己反應的權利。特別是當人們選擇做出糟糕的反應時。單純因為對方先開啟爭執而與人吵架，實在沒有意義。我們可以選擇做出與爭吵或戰鬥不同的反應。去追趕一條咬了我們一口的毒蛇，只會讓自己體內的毒液流得更快，更好的做法其實是盡快進行解毒措施。

與其展開一場爭執，我們應該記住的是，我們永遠都有掌握自己反應的權利。以下幾點將有所幫助：

・很多時候，其實我們才是引發他人不友善行為的主因。如果我們是故意這麼做，那我們就等於是肇事者，並且有能力挽救局面。

・對方表面憤怒的防護罩，後頭隱藏的往往是恐懼。在暴怒背後隱藏的，往往是害怕自己對別人而言不夠好的擔心。

・改變自己的規則，遠比改變別人簡單多了。常常因為自己對別人設置了太多規則，以致於他人永遠無法讓我們滿意。失望的主因正是我們過度的規則及期望——而不在他人身上。

如果有人對我們無禮，我們應該立刻認知到，自己擁有要如何回應的自由。較好的回應是，將原先想表現出來的反應延遲幾秒鐘，問問自己：

1. 對方的行為是否只是對於我先前差勁行為的反應？
2. 我是否能察覺出對方隱藏在憤怒背後的恐懼，並因此更能理解、幫助對方？
3. 我真正生氣的原因是什麼？是對方的問題，還是我設下的規則，或其實是我的不安全感？

請接受你有權利這個事實

請接受你今日的人生之所以如此，正是因為你過去在每個岔路上做了選擇。一旦接受之後，你才能有意識地決定，該如何在今天為美好的未來做出選擇。在這之後，你才有決定你人生的權利。

曾有位大師，對任何問題都能給出答覆。他的兩位學生卻很想挑戰師父，於是決定要對大師設個陷阱。

他們在大師的背後舉著一隻小鳥，然後問大師這隻鳥是活著還是死了。要是大師回答鳥是活的，他們就會馬上掐死小鳥，如此一來，大師就說錯了。要是大師回答鳥已經死了，他們就會放走小鳥。無論如何，他們都會讓大師是「錯的」。

於是兩人站到大師面前，問道：「請告訴我們，在你背後的小鳥現在是活的還是死了？」只見大師平靜地看著兩位學生，回答道：「就如同我一直說的——這取決於你們。」

你可以改變所有事。從你的人際關係一直到銀行戶頭——改變甚至可以從你決定要行動的那一天開始。你不僅要對你做了的事負責，也必須對你沒做的事負責。

有首古老的歌謠，是關於一個出門買菸，然後沿著社區散步的男子。突然間，男子有個瘋狂的想法：「如果我現在直接出發去紐約會怎樣？」反正他的護照剛好在身邊，身上也有足夠的錢。這可是他一輩子的夢想——「要是能瘋狂一次該有多好！」他這麼想著。但他還是買了菸後，就掉頭回家了……

是否要實現夢想，完全取決於你。如果你現在開始——就在這一刻——那你就幾乎能做任何你想做的事。你有權利這麼做。但請小心：**一旦放棄這個權利太久，你就將失去它。**

贏家會全權承擔責任，永遠不會讓任何人事物掌握他們的人生。贏家清楚，他們無法左右生命中的一切，但能決定自己想賦予這件事的意義，以及自己的反應。

贏家知道，在他們為自己全權負責的那一刻起，所有負面情緒都將即刻失去力量。

富足人生練習 22

今天，我要訓練自己承擔起全部責任的能力，因此我將完成下列練習：

1. 今天，我不會怪罪任何人或任何突發狀況。一旦把過錯推給別人，就等於是拱手讓出了自己的權利。我要做自己人生的主人。
2. 今天，當我遇上特別棘手的困難時，我會閉上眼睛，在腦中想像一個心智強大的人，並且問自己：「這個人會如何看待這種情況，他會怎麼做？」
3. 要是我今天沒有實現目標，我會為此全權負責。同樣地，如果我今天做得很好，也會知道這是因為我的努力有了收穫。我不會要命運負責，也不會責怪幫過我的人。相反地，我會為自己的成功感到自豪與喜悅。我將以這個方式繼續積極建立我的自信心。
4. 如果今天有人對我有攻擊的行為，我會捫心自問，是否是我先做了什麼傷害對方，或讓對方感到恐懼的事？同時也會檢查，是否是我的期望太強人所難？

贏家心態
23

贏家心態23

學習面對恐懼

曾有個小孩在森林中散步，走著走著，就走到了森林中的空地。空地上有兩座花園，每座花園都各有一位園丁正在工作。

兩座花園大相逕庭。

一座長滿了雜草，而且園丁一直不停在抱怨。另一座則是花開得茂盛又和諧，園丁還愉快地在輕哼著歌，似乎游刃有餘地照料著一切。小孩想多認識這位悠哉的園丁，於是問他，為何他能毫不費力地管理他的花園，另一位園丁卻一刻也停不下來，仍無法照料出一座美麗的花園。

這位園丁回答道：「以前，我就像我同事那樣努力嘗試。但後來我發現，就算繼續以那樣的方式工作，也沒辦法拔除所有雜草。每次除完草，只要它們的根仍留在土裡，沒多久就會又長出來。我拔雜草的速度，根本趕不上它們生長的速度。於是我想出了別的方法。我找到了一些比雜草長得更快的花，這些花很快就蓋過了全部的雜草，自此之後，我的花園自然能乾淨、和諧。」

之後，當小孩正要離開時，他突然發現在森林的邊緣還有第三座花園，裡頭全長滿了有毒植物。那位心情愉悅的園丁，於是和小孩解釋了第三座花園的用處：「那位種植了這些植物的園丁，是一位偉大的醫生。他是我們裡面最聰明的一位。他能從這些有毒植物裡煉出藥來。」

／

每個人都會恐懼，即使是那些成就大事的人也不例外。**有勇氣的人不是沒有恐懼，而是儘管恐懼，仍能大步向前克服恐懼。**

恐懼是一種害怕事情無法如預期的想像造成的感受。當你越常進行那樣的想像，或是讓恐懼的想像越清晰，它的力量就越大，將使我們裹足不前。我們很難抵禦恐懼的衝動，但我們可以和恐懼成為朋友，或是超越它。

最重要的是了解，在恐懼面前自己並非毫無抵抗之力。我們絕對能防止恐懼成為我們生命中的幽靈。

以感謝戰勝恐懼

我們無法像拔雜草一樣地拔除恐懼。請想像你關掉房間的燈，讓房裡一片漆黑。此時，你能拿黑暗怎麼辦？與它開打或試圖壓制它都毫無意義，唯一能戰勝黑暗的方法，就是把燈打開。

恐懼就如同黑暗——你無法抑制它。越試著抑制恐懼，恐懼就會越強大；越對恐懼施壓，它反彈的力道就會越大。然而，就如同光亮能戰勝黑暗，我們也能戰勝恐懼。

原因很簡單，因為大腦同時只能思考一種想法。

如果我們讓自己去想與恐懼相反的事物，就不會同時還感受到恐懼。恐懼的相反不是勇氣，因為就算是有勇氣的人也會害怕。然而，儘管如此，他們依舊會展開行動，因此我們才稱呼這些人「有勇氣」。

恐懼的相反，是感謝。

你將發現，一旦心存感謝，就不會再感到恐懼。如果你能想到五件值得你感謝的事，所有恐懼將立刻灰飛煙滅。就算是「簡單」的事物也行，例如，你還能走、能看、能說、能讀，以及你擁有的車子、房子、心愛的人和愛你的人……我們常將許多事視為理所當然——直到失去它們。直到有天我們再也無法行走，我們才會發現原來這是多大的恩賜。

在好好反思這些事之後，我們才能更有意識地察覺生命的富足。

以遠大的目標戰勝恐懼

另一個戰勝恐懼的方法，就是專注在自己的目標。**唯有目光離開目標的時候，恐懼才能成功襲擊我們。**

請每週固定寫下自己最重要的目標。同時每天以視覺化的方式想像，達成這些目標後，你會如何享受你的人生。你會發現，每當想像著自己的目標，就不會再感到恐懼。雖然這會每天花你幾分鐘的時間，但這和因恐懼而無法行動所浪費的時間比起來，一點也不算什麼。

在進行這樣的視覺化想像一陣子之後，或許恐懼會再度出現，但此時，你已經能以更平靜的態度面對它了。因此，你可以將恐懼當作一個提醒：是時候再好好想想自己的目標了。

十個救急妙方

每當恐懼向你襲來，請閱讀以下十點：

1. **問自己：我過去害怕的那些事，現在有真的發生嗎？**你會發現，那些你最害怕的事，頂多只有五%會成真。請好好想想，你的恐懼是否有道理——還是你只是在「窮擔心」一些根本不會發生的事。

2. **寫下五項值得感謝的事。**告訴自己目前為止一切都很順利，所以手上這個任務我也一定能克服。

3. **多數我們懼怕的事——假如會發生的話——也只會在未來發生。**對今天，它根本一點影響力也沒有。那今天我們又為何要讓自己受苦呢？

4. **請意識到你可以克服今天，以及接下來的每一天。**人生就是由一連串的「今天」所組成。

5. **如果你正面臨恐懼，請盡快與一位贏家交談。**在贏家身邊，我們很難感到恐懼。另一個也很有幫助的方法是，想像一個優秀的人在面對同樣的恐懼時會如何處理。

6. **行動**。當你已經被恐懼吞噬，要你去做些什麼或許是強人所難，但這正是最重要的時刻。因為恐懼的鎖鏈正是在我們坐以待斃的時候，才得以施展它最大的力量。
7. **不要問自己「是否」能完成任務，只要問自己「如何」能完成任務**。不管發什麼事——你總會找到解決辦法的。
8. **「培養」正面想法**。請想像並描繪出你的人生，相信自己必定會迎來美好結局。
9. **聆聽鼓舞人心的音樂**。如此一來，恐懼就會被光芒驅散。
10. **翻一翻你的成功日記**。很快你就會意識到自己有多優秀，根本不需要「自尋煩惱」。

恐懼，是毒藥也是良藥

事實上，以適當的恐懼推動自己前進不是壞事。

恐懼就像毒藥。過多會導致癱瘓甚至死亡，適量卻能發揮與良藥同等的功效。正因如此，贏家會真心歡迎恐懼帶來的刺激效果，但也知道如何避免因恐懼而癱瘓。

贏家清楚，適當的恐懼是良好的驅動力。能讓我們學得最多、又成長得最快的方法，大多都和恐懼有關。贏家的格言正是：「要是我在踏出新的一步之前沒有一點恐懼，那就表示這一步對我來說太簡單了。」

贏家會將恐懼視為走在正確道路上的一個訊號。他們已和恐懼建立了友好關係，並視恐懼為個人成長的驅動力。

災難

贏家不怕災難。他們清楚，人生必定會經歷許多災難及悲傷。沒有人能例外。

- 但首先，在沒有發生任何巨大嚴重的事之前就感到痛苦，是全然浪費時間與精力的事。
- 其次，贏家知道，他們能找到足夠的力量及智慧去戰勝黑暗。
- 第三，我們永遠都可以重新開始。
- 第四，災難——即便並非出於我們的意願——回顧起來往往會成為我們人生中重要的一部分。李察・巴哈說過：「毛毛蟲眼裡的世界末日，在造物者眼裡卻是蝴蝶的誕生。」

有益的基本態度

贏家通常具有一股近乎孩童般純真的信念。例如，他們相信生命中有種指引，發生的一切都有其意義。雖然並不一定顯而易見，通常需要用心體會才能察覺。

有人或許會認為這種想法太天真。但還有其他選擇嗎？難道要相信這純粹是好運和壞運，隨機無意義地發生在每個人身上？一個不將自己視為隨機事件的受害者，而是認為每件事的發生自有其意義的人，一定能活得更自在。

贏家在尋找事件背後更深層的意義的同時，也會以宇宙宏觀的角度來看待自己。因此，贏家能了解，地球不是繞著自己轉的。自己所有的願望、恐懼，以及災難，在宇宙的多重時空中，不過只是一陣風塵罷了。贏家能將人生視為一場遊戲。犯錯在人生這場遊戲中沒那麼重要，即使有時會失敗，也總是能隨時開始一場新的遊戲。

看似矛盾的是，這其實是一場悖論。將人生視作一場遊戲，但同時又試圖尋找其中的意義，意味著兩個概念：一方面，我們需要保持某種程度上的輕鬆感及健康的距離。這樣的態度能幫助我們，不將自己以及那些不重要的恐懼看得太嚴重。

另一方面，相信所發生的一切自有意義，能帶來對生命深層的信任。對人生意義的探問及深層智慧的追求，能防止我們以太過表象的方式看待事物的發生。

這兩個概念缺一不可。嚴肅的態度及保持遊戲般的距離恰好互補。一個將人生視為遊戲，並同時尋找人生智慧的人，才不會陷入過度的恐懼。

富足人生練習 23

今天，我要訓練自己和恐懼相處的能力，因此我將完成下列練習：

1. 只要我快被恐懼「攻陷」，就會立刻閱讀〈十個急救妙方〉。
2. 今天，我會寫下至少五項想感謝的事。我知道慢性的長期恐懼不是無法抵抗的暴力，我有能力決定要如何面對它。只要我願意，隨時能以感謝的心戰勝恐懼。
3. 今天，我會嘗試以不同的角度看待恐懼，會將恐懼視為能幫助我成功的動力。適量的恐懼也意味我正在擴展並成長。要是在我跨出下一步之前沒有感到絲毫恐懼，或許就表示這一步對我而言太簡單了。
4. 今天，我不會把我自己、我的願望，以及我的恐懼看得太重要。因為我不過是浩瀚宇宙中的一部分罷了。

贏家心態
24

贏家心態24

專注在自己的強項

曾經有棵樹因為自己的弱小、歪斜及雜草叢生，而感到相當難受。其他的樹和它相比，都顯得威武又秀麗。它期望自己也能像其他樹一樣，讓樹冠在風中優雅地擺動。

但這棵小樹生長在一片峭壁上，只能把根扎入岩縫中僅存的一點土壤。冰冷的強風總會不時刮過它的枝椏，而且只能享受到半日的陽光。因為每當過了中午，陽光就被岩石擋住，轉而去照耀山裡的其他大樹。正因如此，它無法長得更高大——而這更加深了它與命運之間的掙扎。

某天早晨，當它俯瞰整片山谷，並舒服地享受著第一道曙光時，突然發現了一件讓它非常快樂的事：它坐擁著一望無際的壯麗風景。其他樹能看到的風景，根本還不及它的十分之一。並且，阻擋它接收陽光的岩石，卻正好能幫助它阻擋冰霜與落雪。而它歪斜扭曲的樹幹，以及滿是粗糙木節卻仍十分強壯的枝椏，也長得恰到好處，能讓它穩穩地佇立在現在的位置上。上頭其他的樹木雖然站在山坡上，有他們固有的風格與位置，但它才是獨一無二、最特別的一個——它其實有著很多、很多優點。

／

每個人都必須學習如何好好運用自己的天賦。我們必須專注在自己做得到、擁有，並理解的事物上。然而，人們卻往往習慣看著自己**做不到**、**沒有**，以及**不理解**的事物。

沒有意義的願望

許多人認為，要是自己生來具有更多的天賦、能力，或是另一種天性的話，人生一定會輕鬆許多。

舉個簡單的例子，體弱多病的人往往認為要是自己能更健康，人生一定會容易得多——但他就是缺少了健康。一位獨立扶養孩子的單親媽媽可能會想，要是能有更多時間和孩子相處，不需要工作得那麼累的話，生活一定會好很多——但她就是必須工作。

要是你可以擁有美妙的歌聲，或其他出色的天賦——一切是不是就會簡單多了？很大的可能是，不會。因為每一項成功我們都必須付出代價。但其中最關鍵的一點是：**我們擁有的，就是自己現有的天賦而已**。

假設你現在能有更多錢、更好的健康狀況、更值得珍愛的伴侶……是不是一切就會更簡單？答案是：你永遠會有其他問題。

關鍵是，如何打好自己手上的牌

不論人生分配給你的牌組如何，現況就是如此，沒有任何人事物可以改變這點。你也永遠會遇到比你更有天賦的人。

去討要「公平正義」對自己一點幫助也沒有。一方面，我們不知道其他人究竟付出了多少代價才得以成為現在的他們；另一方面，我們總有一些其他人沒有的天賦。然而，最關鍵的是，一切和擁有什麼樣的天賦其實沒有太大關係。**更重要的，反而是如何運用我們擁有的一切**。

你可以儘管坐在家裡，空想要是自己能有其他天賦多好——但這麼做無法改變未來。就像打撲克牌一樣。擁有最好的牌組的玩家——也就是運氣最好的玩家——只能藉此得到短暫的成功。最終，必定還是最厲害的玩家勝出——也就那位最熟悉遊戲規則，以及技巧最好的人。

要是你和身邊的人的天賦不同，那麼，很可能你得試試其他方法。

曾有一名在英文課一直無法跟上進度的學生，學校教英文的方式就是不適合他，以致於他拿到了全年級最糟糕的成績。他經常想著，要是能對外語「有更多感覺」就好了。之後，他在美國生活了一段時間。如今，他的英文說得比當時全校的同學都好。

關鍵從來就不是天賦，更重要的是我們如何善用自己的人生。

毅力勝過天賦

我們應該注意不要讓自己過度讚美其他人的天賦。因為很多時候我們並不清楚，其他人的成功究竟有多少是得力於天賦，又有多少是得力於自己辛勤的練習。

贏家絕對一致認同，多數出類拔萃的成績是來自於訓練。許多人並不願意正視這一點，因為這會搶走他們的「最佳」藉口——「我不需要有紀律地訓練，反正我也沒什麼天賦。」

不論你手上分到的是什麼牌，你都能在人生這場遊戲中獲勝。或許你需要的時間比較長，也或許需要比別人更努力，但只要有足夠的決心和毅力，你絕對能找出實現目標的方法。如果這條路上出現了障礙，或許你會繞過它、挖個地道穿過去，或是越過障礙從上面爬過去。一個只想依賴好牌的人，在問題面前只會束手無策，然後成天妄想要是能拿到一手好牌多好。

現在開始，不論你的處境如何，請從你現在站著的位置開始吧。請讓自己每天都做得更好——每天進步一點點，一塊石頭一塊石頭地移除。不要等著順境自動出現——請為自己創造出你想要的順境。

專注於強項，而非弱點

每個人都有強項與弱點。多數人經常只專注於自己的弱點，然後想從中找出自己無法成功的原因。

好消息：成功與否，和我們的弱點完全沒有關係。**最好的玫瑰花叢不是刺最**

少的，而是花開得最豔麗的。沒有人會因為少了弱點而變富有。富有的人不是因為克服了弱點，而是因為發揮了自己的強項。

假設你今天克服了一個弱點，但你能實現什麼？什麼也沒有。你只不過不再有這項弱點罷了，但這無法為你帶來更多的金錢或成就。**在你進一步發展你的強項之前，你仍然是個平庸的人**。我們應該做的是加強自己的強項，這才能為我們帶來富裕。

請不要在糾結於自己的弱點。世上有無數和你擁有相同弱點的人，他們一樣活得幸福愉快——這我可以向你保證。當然，你不該對自己的弱點視而不見，否則它們將會毀了你的成果。但你可以找出解決辦法，如果你不擅長會計，你可以雇用一個會計師。**最好的方式，是將自己的弱點視為嘗試新方法，並與擅長這些領域的人合作的機會**。

請專注在自己的強項，並好好發展它。去尋找能幫忙訓練你的人，和這些人合作，讓自己受他們的鼓舞。

我們的功蹟將尾隨我們

當然，你會發現自己必須要對多數的情況負責。這不只適用於好的情況，也適用於不怎麼如意的情況。好與壞，完全取決於我們是以什麼樣的觀點看待。即使是失誤和挫敗，也很可能在未來有其意義。就像撲克牌遊戲，一張牌沒有好壞之分，只有綜觀全局才能決定牌組的價值。

若能稍微改變自己生命裡的一些東西——那就去改變它。有些東西是無法快速改變，或是無法，也不願意去改變的——那就接受它。請學習如何分辨兩者間的不同。學習去找出那些深藏在「弱點」背後的優勢。讓你長時間被嘲笑及諷刺的事物，很可能在未來的某一天成為你獨特的標誌。

和他人比較的不幸

與他人比較，通常會希望自己是更優秀的一方。在與他人比較時，不論自己是更好或更差的一方，這兩種結果都無法帶來幫助。

一旦確定自己比別人優秀，我們就會認為自己成功了。不得不說，這種比較標準是很有問題的。畢竟，很可能是其他人早就停止繼續精進自己了。若果真如此，那我們不過是躲在其他人失敗的陰影下罷了。

不過，就算發現自己比別人差，也無法帶來幫助。況且，我們永遠都能找到更多在其他領域比我們更優秀的人。這種情況下，我們很可能就會失去勇氣與信心。因此，我們應該專注在自己身上，意識到自己的獨特。和他人比較是既沒有意義也不可能有結果的行為。我們應該以自己的標準評斷自己，以自己未來可能成為的樣子衡量自己。

認清自己的獨特性

沒有任何人能和你一樣。

沒有人——以後也不會有——能準確地以只有你做得到的方式完成這些任務，因為這都是以你的經驗和能力組合而成的結果。

也許你會反駁說：「可是，我目前為止做過的事，其他人也做得到啊。」首先，這種可能性非常小。況且更重要的另一個原因是：完成這些事的人是你！是你，不是其他人，這點在未來也不會改變。

沒有人能取代你的位置。當你越少與他人比較，你就越能專注在自己身上，也就越能認清自己的獨特性及強項。**永遠不要羨慕別人的優點，請專注發展自己的強項**。

順帶一提，與他人比較通常只會帶來嫉妒與猜疑。

嫉妒

嫉妒總是源於自卑感。因此，產生嫉妒這種情緒的前提是缺乏自信。認為自己被比下去的人，現在只想找到方法，讓自己能與那些較優秀的人有所連結。透過嫉妒，似乎就能讓自己與對方之間產生了連結。

一個自認不如人的人，只有兩種可能，可以讓自己與優秀的人建立連結：上升到對方的階層，或把對方拉到和自己相同的位置。想成為城市裡最高的建築物有兩種方法：把其他建物夷為平地，或努力蓋自己那棟樓。那些不敢爬上更高樓層的人，就會努力把其他人往下拉。要想這麼做，首先他們會努力找出別人的缺點，因為對方要是好人，要把對方拉下來就很困難了。

嫉妒的壞處，並不只在貶低成功者而已。更糟糕的是，嫉妒他人的人，與此同時也失去了改善自己的機會，因為他非但沒有努力提升自己，反倒將全副精力放在將其他人往下拉。

猜疑

猜疑是一種自我懷疑，以及害怕自己不夠好的表現。這種感覺也經常是源自於過度與他人比較。

在許多伴侶關係中，經常會出現嚴重的猜疑情節。可悲的是，猜疑心重的人不是將精力投入於讓自己變得更有吸引力，而是試圖去綁住對方。這遲早會被對方發現並視為弱點。因此，**猜疑總會產生它原本想極力避免的結果：它只會將伴侶越推越遠**。

有一種錯誤的觀念認為，猜疑正是真愛的表現。這是錯誤的想法。**一個由害怕來統治、以依賴為主宰的地方，不可能讓愛茁壯生長。愛需要自由，也能促成更多自由，猜疑卻只會造成禁錮、癱瘓與窒息。**

猜疑心重的人只想把自信心依附在伴侶身上。他將其他人視為一根拐杖，藉此來讓自己勉強站直。由於害怕自己無法再找到「對的人」，他們甚至會長時間以失去自尊的方式緊緊抱住這根拐杖。但事實上他只是害怕，怕自己對對方來說並不夠好。

一個在內心深處相當自卑且慣於貶低自己的人，也會把這種感覺轉嫁到別人身上。成癮的人總在尋找能滿足癮頭的路上，容易嫉妒的人也總在尋找能嫉妒別人的原因。**如同嫉妒者會想摧毀富人，猜疑心重的人會摧毀自己的幸福，以及那位號稱是他心愛的人的幸福**。

誠然世上也有辜負對方信任的伴侶，但緊緊拴住對方並不是好的解決辦法。如果兩個人不合適，或是對方的需求無法被滿足，那麼就是兩個人可以好好分開的時候。何必低聲下氣苦苦和一個不認同、也不尊重自己價值的人在一起呢？

對猜疑心重的人展示同理心，抑或向對方的要求讓步，都毫無意義。這是因為要治癒猜疑無法靠別人，只能靠自己。他們終將得學會將注意力放回自己，以及自己的強項上。

當我們意識到自己蘊藏著多少美好和潛能，才能感受到感謝、幸福，以及平靜。嫉妒與猜疑也將在我們心中失去立足之地。

或許你做不到立刻改變現況，也請別浪費時間和精力，奢望自己能擁有其他條件。立刻開始行動。有些事情你就是無法改變，它們並不在你的掌控之中，不要再白費精力。請專注在自己能做的事情上。

贏家會用自己手上擁有的顏料來彩繪自己的人生，而且會將它畫得精采萬分。

富足人生練習 24

今天，我要訓練自己專注在自己強項上的能力，因此我將完成下列練習：

1. 我會讓自己意識到，成功並不完全取決於擁有什麼樣的天賦，而是取決如何利用自己的天賦。我將不再執著於命運。
2. 我會用一張表列出我所有的強項和弱點。為我的弱點找出解決方法，並專注於培養我的強項，讓身邊充滿能激勵我的人。
3. 我會好好審視自己的人生，思考有哪些部分是能改變的。接著，我會為自己制定改變的計畫。只要有能改變的部分，不會擱置一旁不管，而會立刻採取行動。
4. 對於無法改變的部分，我會欣然接受。即使今天下著雨，也會微笑以對。我知道即便不微笑過這一天，雨也不會停。
5. 檢視自己是否有嫉妒或猜疑的情況。我雖然無法壓抑這些情緒，但我可以透過專注在自己的獨特性以及潛能來戰勝它們。今天，我將以紙筆寫下這個問題的答案：「為什麼我知道自己是獨一無二的？」

贏家心態

25

贏家心態25

給予並原諒

很久以前，有位深具智慧的女子，獨自在山中生活了許多年。

某天早晨，她在溪流的碎石中發現了一塊珍貴的石頭。過了一會，她遇到了一位飢餓的徒步旅行者。當她打開後背包，要拿出一些麵包時，徒步旅行者注意到了那塊石頭。他幾乎無法移開視線，因為他此生尚未見過如此美麗的東西。於是，這位深具智慧的女子臨時起意，將石頭送給了旅行者。

旅行者隨即快樂地繼續他的旅程。將石頭賣出後，很快他就賺到了大筆金錢，數目多到能讓他直到生命的盡頭都不需要再工作。

然而，幾日後，他又回到了原地，到處尋找那位聰明的女子。最後，他終於找到了女子。他將寶石原封不動地還給女子，解釋道：「我想了很多，我知道這顆石頭價值連城，但現在，我想把它還給你。希望我可以得到另一個更珍貴的東西——我想知道，你心裡究竟還藏著什麼，讓你能把這塊石頭送給我？」

許多人的目標都是過上豐足有餘的人生。但多數人卻忽略了「豐足有餘」真正的意思——這意味我們無法抓住所有東西。

有些事物，我們確實需要放手。

萬物皆是能量，而能量必須流動

沒有什麼是靜止的。

我們的身體、世界，以及這個宇宙，都處在一個動態、不停進行著的交換作用裡。一旦這個循環中斷，生命就不可能存在。

生命就像一條河——一條滿溢的河流。總有東西會流進我們的生命，也總有東西會流出去。因此，**給予及接受正是我們生命的主題**。給予和接受本質上相同，只不過顯現的是宇宙中能量流動的不同面向而已。

唯有能量繼續流動，生命才可能存在。一旦有人打斷這股流動的能量，就會阻礙生命的豐盈、破壞大自然的智慧。給出的越多，我們才能更生氣蓬勃。

每一種關係也是一段長久的給予和回報。同樣的道理這裡也適用，這裡的能量循環應該要盡可能地維持高速。**我們給出的越多，得到的就會更多**。這正是生命的另一個法則，一切都因給予而倍增。**付出越多，關係就越好**。

給予的法則很簡單：你想快樂，就應該先帶給別人快樂。你想得到愛，就得先學會給別人愛。你想得到關注，就得先給予別人關注。你想得到物質上的豐盛，就得先幫助別人得到豐盛。

最簡單的致富之道，就是幫助別人得到他們想要的東西。

祝福他人

如果你想讓自己的生命受到許多美好事物的眷顧，請先學會默默祝福他人。

祝福其實是一項失傳許久的古老習俗。從前，遠行的人會受到眾人的祝福。食物會受到祝福，家人和朋友會受到祝福。獲得父母的祝福在某些文化傳統裡，遠比獲得遺產更重要。這些行為雖然看似傳統守舊又具有宗教意味，卻自有其意義。

如果宇宙萬物皆有能量，那祝福也同樣如此。每個祝福都可能化成形體。**請**

默默祝福所有你遇見的人一切安好。請靜靜祝願他們快樂、幸福、富裕及健康。祝福他們往後的日子快樂、幸福。

你會發現，你的正面能量會真實地產生影響力，讓情況變得更好。大家會更珍惜你的陪伴，在你身邊覺得更舒適自在。大家會察覺到你的善意，並回予你更豐盛的幸福和快樂。

送禮是美好的習慣

請考慮養成一個習慣，為每個你拜訪的人及每一個拜訪你的人，準備一些禮物。可以是一束花、一張卡片，也可以是一句富有深度的句子或一首小詩。可以是一本書，又或是一個可以給對方一些幫助的聯繫方式。

去別人家拜訪時，從今以後絕對不再兩手空空，這不是一個很好的想法嗎？至少帶上一句讚美或是一個簡單的祝福。對別人的平靜生活表示出一點關心，是非常容易做到的一件事。多數談話可能都是這樣開始的，對方會說道：「我想了一下，我認為你可能會喜歡這個／可能對你有幫助……」

請下定決心，為往後每個和你有聯繫的人都準備一些小禮物。給的越多，收到的回報就越多；得到越多，能給的又將更多。

原諒

給予的最高藝術，是原諒。

這是一把通往人類心理以及精神發展更高層次的鑰匙。事實上，少有事物能像對他人持續的怨恨一樣，能如此有力地阻擋我們的能量，讓人無法獲得豐盛。

這類負面情緒將剝奪人們的幸福與平靜，也是造成身心疾病的主因。負面情緒也有化為形體的能力，它們主要會對我們自己產生影響，將讓我們生病、減少我們的生命。

原諒並不總是一件容易的事——取決於各種不同的原因。但比起守著仇恨與埋怨，活出自己的人生不是更重要嗎？我們應該原諒所有人：包括自己、父母、伴侶，以及所有的人。

原諒自己

完美。

我們要原諒自己的錯誤與愚昧。請不要忘了，我們並不完美，也永遠不可能

我們總會不停犯錯。這樣也很好，當我們不再氣自己時，才能從錯誤中學習以及成長。不原諒自己，這些錯誤就會將我們鎖住，多數人甚至因此無法再從錯誤的泥沼中掙脫。

耗費時間去懊悔與惋惜曾犯的錯誤，是軟弱的象徵。因後悔實在太容易成為阻止我們再前進的藉口。最常見的信念莫過於：因為我犯了這個錯誤，所以沒有辦法成功——我真的很難過，但這反而讓我變成更有價值的人。

不停因為同一件事怨恨自己，無法換來快樂的人生。**不該讓過去的錯誤決定我們今日的生活**。我們應該原諒自己，並正確看待錯誤。犯錯是讓自己進步與成熟相當重要的一部分——沒有這些錯誤，就沒有今天的我們。

原諒父母

許多人無法原諒父母。在多年以後，依舊忍受著父母加諸於他們身上的不公平、不和諧與殘忍。**為了無法改變的過去而怨恨一輩子，代價未免太過沉重。**

除此之外，很重要的一點是：唯有原諒父母，我們才能真正成長。在真正原諒父母的那一刻之前，我們都還是一個孩子，在情感上仍依附著父母，受制於他們強加在我們身上的一切。

原諒父母才能釋放自己。那一刻開始，我們才能真正長大。總有一天，我們必須自己站起來對抗自己孩童時代的那些痛楚，然後讓它們真正成為過去。要做到這點，最快的方法，就是認知到父母已經盡力了——至少在他們的能力範圍內。

原諒另一半——越快越好

如果在自己的腦中幫怨恨及各種負面想法保留了不必要的空間，你就將繼續活在過去。這將讓你無法看到生命當下的美好。因為只要心存怨恨，愛就不可能存在。

不盡快原諒自己的伴侶，無疑是愚蠢的行為。在某種程度上，愛被往後推延了一段時間。為什麼呢？許多時候，男女朋友常常不願意馬上原諒對方，因為這樣一來，對方可能就無法「學到教訓」，或是「可能很快又會犯一樣的錯」。於是，只好表面上裝得無法原諒對方，因為這整件事「才剛發生而已」……在這種情況下，我們應該意識到自己才是擁有力量的那一方——而不是過去的事。

人們經常認為，快速原諒對方會削弱自己在關係中的力量。但以收回愛來懲罰對方，不過是力量的假象。以這樣的方式互動，無法讓關係得到真正的滋養。事實上，剛剛好相反。**越早真正原諒對方，自己才能越早重新享受到愛，以及人生的每時每刻**。

曾有位聰明的女士這樣說道：「反正，我哪天還是會原諒他的。那我幹麼不現在就原諒？」要做到這點，專注在另一半好的那一面會有些幫助。讓自己回想起愛上伴侶的十個原因，心中的怨恨通常會減弱許多。

當然，也可能發生兩人不適合繼續在一起的情況。但即便分手了，也應該盡快原諒對方。

原諒所有人

請毫無例外地原諒所有的人，包括那些曾對你做過任何惡劣、殘忍，以及愚蠢的事的人。真正的寬恕——也是最崇高的給予的行為——在本質上首先是一種自私的行為。這不是為了你要寬恕的人，而是**為了你自己**。因為這關係到你的幸福、你的成功、你的心靈平靜。這影響的是你的人生，以及你的未來。

去怨恨一個完全不在乎你的人，是再愚蠢不過的行為。這麼做只會毀了自己生命中的美好時刻——更糟的是，對方甚至完全不知道你在這麼做。

一個長期在內心懷抱怨恨的人，會削弱自己的的能量。特別是當你產生「就是因為這個人所以我才無法成功」的想法時，更是如此。把過錯推給誰，那個人就從中獲得力量。只要我們把自己的處境怪到別人頭上，我們就會阻擋自己的力量、阻礙自己的成功。

實際練習

請先在內心原諒對方。學著祝福那些傷害過你的人，在心裡默默祝福對方。每當又回憶起那些行為，就在心裡再原諒他們一次。很快地，你就會發現這些回憶將失去影響你的能力。除此之外，你也可以與這些人一對一當面聊聊，或是打電話給對方。不過，請避免開啟任何討論，也請提防不要讓對方有機會為自己辯解當時的行為。請簡單地告訴對方，你只是打電話來讓他知道，你已經原諒他了。

最後一個方法是寫信。請在信中為這件事負起全部的責任。雖然對方可能真的傷害了你，但最終的決定權依然在你身上。要如何解讀這件事以及如何反應，不論是過去或現在，都完全取決於你。告訴對方你不是要為現在的情況找藉口，並為自己在事件中扮演的角色道歉。最重要的是，告訴對方你已經原諒他對你所做的一切，並祝福他一切順利。

贏家向來奉行給予的藝術。他們同樣也是寬恕的實踐者。這兩種行為將養成他們高尚的氣質，並使他們成為一群更友善、有同情心，以及成功的人。給予，是真正達成富足、幸福，以及祥和的先決條件。

富足人生練習 25

今天，我要實踐給予的藝術並練習寬恕，因此我將完成下列練習：

1. 今天，不論是我親自見到的人、打電話的人，或是腦中想到的人，都會為對方祈福，並祝福對方能快樂、幸福、成功、健康、開心。我將向對方傳遞正面的能量。
2. 每一個今天拜訪的人，我都會為他帶上一份禮物。準備送給對方的東西，可能是實質的禮物，也可以是一份美好的祝福、真誠的讚美，或是一個貼心的想法。
3. 今天，會為我最喜歡的人準備一份非比尋常的禮物。我會這麼做，只是因為單純希望看到對方開心。
4. 今天我將送出許多寬恕。這份禮物是我特別為自己準備的。我會仔細思考對誰懷有怨恨，並在心裡原諒對方。接著，我會打電話或是寫一封信給那個人——而且最好是立刻去做。今天，我不會對任何人抱有負面感受，因此我將能釋放自己。

贏家心態

26

贏家心態26

妥善管理金錢

很久以前，一位貧窮的農人在自己養的鵝窩裡發現了一枚金蛋。他認為這一定是有人想作弄他。不過小心起見，他還是謹慎地把這枚金蛋拿給金匠鑑識。結果，金匠鑑定了它千真萬確是顆純金的金蛋。

農人快樂地把金蛋賣了，得到了許多錢。

當天傍晚，他舉辦了一場盛大的宴會。隔天一早，全家人一大早就醒了，他們都想看看家裡的鵝會不會又給他們下了一枚金蛋。果然，鵝窩裡又躺著一枚金蛋。接下來的每一天，鵝都繼續產下金蛋。

一開始，農人完全無法理解自己怎麼會如此好運。不過農人是個貪得無饜的人，很快地，他就不再滿足於一天只有一顆金蛋了。他飛快地跑到圈養的鵝窩裡，把鵝殺了，想要一次取得全部的蛋。不過他得到的，不過是一顆非常小，還在成形之中的蛋。

這個故事的寓意是：別殺了你的鵝。

／

財富是我們天生的權利。致富從未像今日一樣容易。或許你會問：「那為什麼沒有更多的人變有錢呢？」答案是：「因為多數人都殺了他們的鵝。」

寓言中的「鵝」就像是我們的本金，金蛋就是利息。沒有本金就沒有利息。多數人都將他們的錢全部花掉了。許多人甚至花的比賺的還多，甚至於負債累累。這樣的行為根本無法養出能下金蛋的鵝，只會扼殺了年幼的小鵝——在牠還沒有成熟到能生下金蛋之前。

不需要追求複雜的策略，只需要簡單、歷久彌新的真理

建立財富的基礎法則相當容易理解：讓支出少於收入。那些不需要為了基本生活支出的錢，就是我們可以用來買東西的部分。然而，我們也可以將這筆錢存下來——為自己養一隻鵝。

我們必須誠實地接受，並非所有我們想要的東西，都是我們真正需要的東西。要釐清這點，我們就必須對自己誠實，問自己：「我真正需要的是什麼？」

多數人幾乎手上都有多餘的錢。問題是，我們會拿這些餘裕做什麼？購買家具、汽車，花在旅遊、娛樂，還是拿來投資？

你可以把錢存起來，或全部花掉，就是這麼簡單。假設，你現在可以畫出一張自己七年後的資產負債表，屆時你的財務狀況看起來如何？你會養出一隻鵝嗎？還是你會把小鵝殺死？

你會建立起一筆固定資產，還是會把錢花在一堆以後會變得一文不值的東西上？

讓存錢變得有趣

請想辦法讓自己先付給自己錢。

就如同買麵包會付錢給麵包師父，買水果會付錢給水果攤商。但什麼時候我們才會付給自己錢呢？答案是：只有當我們存下它們時。

很多人也許就是缺乏規律儲蓄的紀律罷了。這時，有個很簡單的方式或許幫得上忙。為自己開一個「養鵝帳戶」（儲蓄帳戶），為這個帳戶設定定期轉帳，這樣你就可以規律地在每個月的月初，至少將一〇%的薪水匯入這個帳戶，並將存下來的錢用於投資，絕不拿它們做其他用途。

但做這件事時，也不應忽視其中的樂趣。請為自己也開啟一個娛樂帳戶，規律存入一定的比例：例如薪水的五%到一〇%。花這筆錢時，你完全不用感到良心不安。如此一來，你兩者都兼顧了：可以舒適地生活，同時也能為了未來投資。

請把每次調薪也一起存起來

你是否已注意到，人們的生活品質會隨著收入一起提升？如果你的薪水越來越高，財富卻沒有隨之成長，這無法令人滿意。這裡也有個簡單的小技巧能幫得上忙。

每次調薪，你都應該將其中的五〇%一起存進儲蓄帳戶。畢竟，你已經習慣你現在的薪資收入了，所以這其實不算是要你放棄些什麼。你將習慣於大約只有「調薪一半」的生活品質，但同時，你存款的成長幅度也會隨著每次調薪快速提升——而你也不需要因此勒緊褲帶生活。

如果你是獨立工作者

獨立工作者，特別是自由業者，大多會聲稱自己無法固定儲蓄一筆特定的數目，因為他們的收入太不穩定。這樣的說法不只錯得離譜，還相當危險。因為這樣等於是在告訴世人，最重要的金融規則完全不適用於任何獨立工作者。

你必須將自己視為集公司與員工為一體的人。你不只是要在腦袋裡有這樣子的角色區分，在財務上也需要這樣區分。因此，需要至少兩個不同的活存帳戶：一個公司帳戶、一個私人帳戶。最重要的一點是，你必須要有紀律，能把自己當一名普通員工看待。

當你的公司賺錢的時候，這筆錢不等於你的私人收入，而是公司的。你應該——就像一個「普通員工」一樣——領取正常的「固定薪水」生活。請在每個月的月底，固定將公司帳戶中的一定餘額匯入你的私人帳戶。透過這個方式，才不會讓公司營收的波動影響你的私人資產和財務計畫。

請注意，你給自己的「薪水」不能太高。最多不應該超過去年利潤的四十五％。因為還必須繳稅、投資，以及建立公司資本。因此，你必須要以老闆的角度思考，而不是員工。並且，不要讓個人需求危及到公司福利。

值得一試的做法

如果沒有建立起上述的帳戶模式，你可能會對自己處理金錢的方式感到不滿。當你花了一塊錢，可能無法真的開心，因為會想到自己其實可以把那一塊存下來。反過來也是如此，如果你存了一塊錢，也會想到其實自己大可把這一塊花掉。

這樣的帳戶模式，能幫助你有規律地合理規畫財務狀況。現在，定期儲蓄不再需要依靠你的自律程度，因為帳戶模式會幫助你做到。只有一件事絕對不能做：絕對、絕對、絕對不能將這筆錢挪做他用。最好的方式，就是乾脆想像這筆錢已經不屬於你，而是屬於你的「鵝」。請想想那個愚蠢的農夫……沒有人會像他那麼蠢，不是嗎？

所有與累積財富有關的事都是上述內容的結果。首先，你必須儲蓄。也許你會越賺越多，也許你會獲得鉅額的投資收入，但所有基礎都是來自於儲蓄。

接著，請投資。請尋找能獲得十二%長期報酬率的投資項目，這樣你就能獲得報酬了。假設你總共存了五萬塊，依照十二%的報酬率計算，二十四年之後，這筆資產將累積達到八十萬之多。

換句話說（每年十二%的報酬率）這就是一枚每個月價值八千元的金蛋。你無須動用本金，別忘了，這一切都始於你存下來的五萬塊——即使之後你一塊錢也沒有再投入。

錢很重要

錢不是萬能的。但你知道什麼時候錢會變得非常重要嗎？就是錢不夠用的時候，還有總是為錢煩惱的時候。

一方面，透過金錢我們能獲得許多機會。請你想想，要是突然獲得了五百萬，生活將產生多大的變化？在哪些方面你會有所不同？

人生有五大領域：健康、人際關係、財務、情緒（心靈上的），以及事業（生命的意義）。每個領域都很重要，在其中一個領域有所進展，必然也會影響到其他領域。財務狀況越好，就能讓我們的整體人生提升到更高層次，並接觸到更多機會。

明智的行為會伴隨我們的一生，讓自己快樂，並幫助自己。同樣地，不明智的行為也會困擾、折磨自己。選擇權都在我們手上。金錢就和其他東西一樣，既可以為我們所用，也可以與我們作對。許多聰明人從未妥善管理過自己的財富，結果使他們的財務狀況亂成一團。這是非常沒有尊嚴的。我們需要培養理財的智慧，不能讓金錢成為我們生活的瓶頸，金錢必須是一股正面的力量。

餘裕思想

越是富有，對其他人的責任就越大。「我們的」金錢從來就不只屬於我們自己。

如果將自己與身邊周遭朋友的危急狀況隔絕開來，那我們就絕對不可能快樂。對於身邊的人，我們有太多需要感謝的事，而我們也應該透過給予的方式來表達自己的感謝。

許多人會說：「要是我有天變得有錢、幸福快樂，我才會給別人什麼。」——你只想先幫助自己，這樣是行不通的。沒有人可以在養出會下金蛋的鵝之前先拿到金蛋。同樣的道理，沒有一個只為自己著想的人，可以真正幸福、快樂。要怎麼收穫，得先怎麼栽。

撇開一切不談：不管你現在處在哪種情況，跟全世界多數的人相比，你仍然非常富有。世上有三分之二的人口都願意在經濟上與你交換位置。請想想你手上的財富，對那些真正貧窮的人而言有多重要。你知道嗎？不用三百塊你就能幫助世上最貧困地區的人進行眼科手術，讓他得以重見光明。

「給予」等於是在向宇宙發出這樣的訊號：「謝謝你，我擁有的比需要的還多，讓我可以有餘力給予他人。」透過這個方式，可以讓我們與金錢的關係變得更自然，讓自己能更自在地享受金錢。這樣一來，一方面，我們不會把金錢看得太重要；另一方面，我們能意識到金錢對真正貧窮的人的價值。「捐款」是信任自己以及宇宙能量流動的證明，代表了我們期待財富。而我們的期望，將決定我們真正能獲得的東西。

你欠自己和其他人的財務自由

遲早有一天，你會想以財務的角度來看看，自己多年來辛苦工作的成果是什麼。每個人有一天都會意識到，原來只靠高收入無法帶來足夠的安全感。到了某個時間點，每個人都希望能實現最高程度的財務自由：也就是靠錢滋生的利息生活。

贏家知道，只是有錢無法帶來快樂，明智的運用金錢才能得到幸福。金錢只會出現在有資格使用它的人身上。

富足人生練習 26

今天，我要練習改善我和金錢的相處模式，因此我將完成下列練習：

1. 從今天開始，我會至少存下自己每月薪資的一〇%。因為我知道，只有存下的錢才能讓我變得富有。如果我是獨立工作者，我會每個月存下一定比例的收入用來支付稅金。
2. 我會設立一個可以自動儲蓄的帳戶系統。如果我是獨立工作者，我會另外設立兩個不同的銀行帳戶，將「公司開銷」與「個人花費」區分開來。我會付給自己一筆固定的薪水，這筆薪水將從公司帳戶匯到我的私人帳戶。我會學著最多只靠四十五%的營業利潤來維持生活。
3. 今天我會節儉度日。今天，我會在每次花錢時都問自己：「我真的需要這個東西嗎？」
4. 今天，我會想一想自己在哪些方面可以提供捐款。

贏家心態

27

贏家心態27

耐心奠定基礎

種植竹筍需要長時間的思考及信心。竹農會將竹筍深深埋入土裡，接著在表層蓋上厚厚的草料。

每天早上，農夫會細心地為地底下的竹筍澆水，即便這時從地表上什麼也看不見。農夫會勤勞地除草、鬆土，每天早上都必須澆水——長達四年。

四年以來，農夫從未見過他的幼筍，也無法知道自己的辛勞是否能有成果。甚至，農夫根本不知道這些幼苗是否還活著。

直到第四年的年尾，幼筍終於突出地表。接著，會在九十天內抽高到二十公尺高。

許多人不停換工作，是因為他們有各種不滿意。不滿意沒有升遷機會、不滿意收入、不滿意一成不變的工作內容，或是認為這份工作缺乏挑戰、覺得這份工作一點都不有趣。許多人也常認為自己的工作沒有實質意義，無法從中學習、成長，或根本上覺得自己不被尊重。一或多個不同的問題加起來，逐漸產生了不滿意的感受，於是想藉由換工作來解決問題。

事實上，即使換了工作，多數老問題還是很快就會以不同的形式再次出現在新工作上，還可能出現更多問題及挑戰。除此之外，在變動的環境中，會需要你付出更多義務、責任、行動、精力與專注力。

停滯期就如同時差

飛行十二小時並終於踏出機艙的你，總覺得全身疲憊，甚至必須先搞清楚方向才能前進。許多人對此相當不習慣。必須先適應時差，而這個「時差」的狀況需要幾個小時才會好轉。每個剛接下新任務的人，都得先經歷過一段類似時差的停滯期。然而很多人在處於這個時期時，就決定放棄他們辛苦獲得的新工作，這意味可能白白將剛到手的大好機會親自送走。

．每當我們開始一項新任務時，應該牢牢記住兩個重點，以避免成為停滯期的受害者：

1. 不抱持錯誤的期待

我們應該看看，這個任務事實上究竟如何。獲得新工作並不等於中了樂透，不會一夜致富。更重要的還是要付出努力、耐性，以及毅力。例如，創業為許多人提供了一個絕佳的機會，但這個機會也必須靠自己努力爭取。

2. 不能只專注於快速致富的技巧

贏家必須先理解成功的概念，也就是贏家心態。例如，他必須知道自己可能經歷挫折，因此必須學習如何面對挫折。必須將所有的贏家心態內化。必須成為一個「大人」，好讓自己能大到足以實現自己的夢想及計畫。

成功越大，就越需要穩定的地基

高樓大廈的地基工程是件值得讚嘆的事。長達一大段時間，工地看起來就像是什麼都沒在做一樣。雖然會有許多工人走來走去，看起來相當忙碌，還會一直聽到大型機具的聲響。

接著，突然之間鷹架拔地而起，萬丈高樓像是一夜成形似的。不久後，鬆散的鋼筋骨架，很快就變成了由玻璃及石磚組成的堅硬牆壁。隨即加上屋頂，花園設施也立刻完成了。在眾人還來不及回神之前，原本大剌剌的一塊空地，轉眼就多了一棟宏偉的建築。

即便有些建築看似一夜之間拔地而起，但事實上，這卻須耗時數月，以緊湊的計畫和辛勤的工作搭配而成。創建新企業或展開新工作也是同樣的道理。我們不可能在短短幾天內取得長久的成功。蓋房子是一磚一瓦往上搭建的工作。成功，也是你一天一天開始累積、遵循著贏家心態、洞察先機……「建造」起來的。這就是你為自己的成功奠定基礎、支柱、牆壁，以及窗戶的方法。

而這些基礎都不會一夜之間發生。

沒有任何有價值的事物可以在幾天、幾週，或是幾個月內做到。要是有誰一夜致富，那也是因為他先前每天努力工作的緣故。許多人就是不願意真正鍛鍊自己的毅力及耐性。他們寧願追求微小的利益，而非巨大的勝利。

偉大的成果從來無法一蹴可幾。但如果你持續不懈地努力，一塊石頭接著一塊石頭往上疊，總有一天你醒來時會看到，你已經取得了一些值得自己驕傲的成就。

毅力有助於度過停滯期

在開始一份新工作時，我們都傾向美化所有的事，但隨之而來的往往是幻滅。

老闆原來不像一開始時那麼善解人意，顧客不是那麼容易被說服，同事也就是一般人而已。如果我們換新工作的話，這都是必經的正常階段。沒有哪一份新工作會一開始就如你所願，但它也絕不會像過一段時間後發現的那樣無可救藥。事實通常是介於兩者之間。如果真的想要看看一份工作真正的樣子，那就絕不應該在一切看來都很模糊的時期放棄。也許一切看起來都毫無希望，但請記得，**看似**沒有希望的事通常就**不是**真的無望。往往只是我們自己的感受而已。

很久以前，有三隻青蛙跳到了一罐滿是鮮奶油的瓦罐前。三隻青蛙想都不想立刻噗通跳進了瓦罐，因為這對牠們來說簡直是天堂。他們在瓦罐裡游來游去，並大口大口吃得肚子都撐了起來。

當牠們大啖一番後，三隻青蛙都想，應該要離開瓦罐了。這時，三隻青蛙抬頭一看，驚嚇異常，瓦罐的內牆這時看起來既高聳又光滑。當牠們三個發現自己正處在沒有出路的情況下時，兩隻青蛙後悔不已地沉入罐底，並淹死在底部。

第三隻青蛙卻有著永不放棄的習慣。牠用盡全力在瓦罐裡四處踢著、划來划去。但一切看來仍舊毫無希望。慢慢地，牠的力氣用盡，也幾乎麻痺了。接著，牠再次使出全力並加倍努力，踩踏得比之前更用力。突然間，鮮奶油被拍打成奶油*，第三隻青蛙也終於跳出了罐底。

不輕易放棄的另一個理由：為了自己

不論在你的公司或工作上發生了什麼事，在尚未收穫正面效益之前，你千萬不能放棄。**因為你投資的不只有你的工作，更重要的是幫助自己成長**。不論在你建立自己的公司或職涯發展上發生的任何事——你都會因此培養出大量的知識和能

* 譯注：鮮奶油為液狀，奶油則為固狀。

力，因而受惠一生。

意想不到的突發狀況可能會奪走你建立的一切。那些無法控制的突發狀況，可能會摧毀你的建築，直到整片基地只剩下斷瓦殘礫。然而，沒有人可以搶走你學會的東西，或奪走所經歷的一切。

比獲得百萬財富更重要的是成為百萬富翁。如果已經掌握了賺進百萬財富的能力，也明智地了解該如何處理這些財富，那麼你將再也不必擔心。因為即使有天你失去了一切，也能在最短的時間內再次獲得成功。**真正的財富，就在我們的內心。**

覺得被欺騙，或許是因為自己想被騙

聖彼得曾問一名新的追隨者，想要住天堂還是地獄。這個人既驚訝又開心，自己居然還能選擇，於是回答道：「我想要先看看天堂和地獄，然後再做決定。」

於是，聖彼得先將他帶到了天堂。那裡的人們一邊種著葡萄，一邊吟唱著愉快和諧的歌曲。接著，他們去參觀地獄。地獄裡正在舉行激勵人心的慶典，人們大口吃喝著，氣氛非常歡樂。最後，他決定要去地獄。

然而，一搬去地獄後，他卻立刻被銬在炙熱的鐵爐邊，並且必須整天一鏟一鏟地往火爐添煤。因此，他寫了一封憤怒的客訴信給聖彼得。得到的回覆卻是：「你先前看到的，不過是公司簡介。」

當一份工作的實際狀況與一開始被告知的不一樣，那是什麼感覺？是有人欺騙了我們，還是我們欺騙了自己？有沒有可能，是我們以「我被騙了」來當作放棄的藉口？有沒有可能，是我們其實在現實中一點也不想改變，不想為成功付出代價？常常這兩者難以區分。但請記住一點：不要在停滯期放棄——與這份工作無關，而是為了你的個人成長。

要奠定有效的基礎需要一段時間，而這個改變可以從我們的思考方式開始。我們必須學會贏家心態。不是要你死背。「學會」是意味不再忘記這些原則。一旦打好基礎，就沒有什麼能難倒我們了。

贏家不會讓自己被停滯期打敗。他們對停滯期有心理準備，不會過度重視第一年發生的任何事，卻會對接下來的十年抱持巨大的期望。因為贏家相當清楚，堅持度過停滯期，將會為他們帶來巨大的回報。

富足人生練習 27

今天，我要開始練習耐心地建立自己的基礎，因此我將完成下列練習：

1. 我了解，沒有堅固的根基就不可能建立大樓。因此，我會積極建立我的動量，並堅守每日工作的方法。我會耐心等待成果，因為我知道，每個巨大的建築物，都是一磚一瓦建造起來的。
2. 不論發生什麼事，今天我都不會放棄。我知道，每當我無法實現一個決心的時候，就等於我已經放棄了。但今天，我會實現所有我下定決心要做的事。今天，我會堅持到底。
3. 我將著眼於大型的成果，而非微小的利益。明年，我不會為自己設定太龐大的目標——但我會卯足全力付出一一〇%的努力。對接下來的十年，我不會有任何設限。今天，我將思考是否該將十年目標再提高一些。
4. 停滯期不只會出現在工作上，在運動或伴侶關係上也可能出現——在這兩方面也有些人會被所謂的「公司簡介」迷惑。今天，我會認真思考自己是否低估了停滯期，而在某些生活領域已經想要放棄。

Bodo Schäfer
AKADEMIE
... für Menschen,
die konstant lernen und wachsen wollen
• Seminare
• DVD-Seminare
• Bücher
• Hörbücher

贏家心態

28

贏家心態28

讓身邊圍繞著值得學習的榜樣

如果想烤出和得獎大師一樣的蛋糕，首先需要得到那份食譜，並可能需要練習數次才能成功。但只要你嚴格遵照食譜裡的每個步驟，小心、仔細地操作，就算之前從來沒有烤過蛋糕，也可能可以烤出和得獎大師大同小異的蛋糕。

因為研發出這個食譜的烘焙師父，可能早就投入了數年心力、做過無數次的嘗試、調整過無數的細節，而你，只要好好遵照得獎大師的食譜，就可以省下好幾年的心力。

沒有人可以「不受影響」

在古希臘時代，父母不滿足於只是讓小孩每天去學校上幾小時的課程。當時的父母認為，幫小孩找個能長年跟隨的精神導師，跟著精神導師一起學習與經歷日常生活的一切，才是比較好的「學校」。

沒有任何事物能比你周圍的人，對你的生命發揮更大的影響力。乍聽之下，或許你會認為這個說法太誇張，但事實正是如此。

在理解人類大腦構造的領域，我們其實才剛起步，但幾乎所有人都一致認同，人們會將生活中發生的一切儲存在大腦。就好像我們的眼睛是攝影機、耳朵是麥克風，我們會將生活中所有「上演」的一切都錄製、儲存起來。用最簡單的方式來說，我們的潛意識就好像是一個巨大的錄影帶，上面錄製了所有我們經歷的一切。

沒有任何東西會沒錄到。那麼我們保存下來的東西一定也會被倒帶重播，應該是很合邏輯的事吧？不然這些東西還可以從哪裡來？

如果聽到有人不停反覆聽麥可．傑克森的音樂，卻又期待自己有天會突然愛上莫札特，你會有什麼感想？

最好的學習方式

人們從周遭人身上學到的事物，遠比想像的多。

有些人以為，我們只會從身邊的人身上擷取原本就有意要學習的東西。但事實上的情況是，我們會存下所有經歷的一切。而這個過程通常是在無意識中發生的。

這樣的學習方式其實是最好的，因為潛移默化的學習方式才最有效。這種類似於先「察覺」再「儲存」的方式，能讓我們在不自覺、最不費力的情況下輕鬆學習。這樣的自然學習方法，遠勝於學校裡由人為設計的學習方式。

或許，你也認識一些花費長時間學習語言卻毫無進展的人，但就在對方飛去說這個語言的國家後，短短幾個月內，他就突然能優秀地掌握這個語言了。我們永遠無法從書中學到比內建在我們身體內最強烈的學習方式來得多：這就是透過模仿形成的潛意識學習。

每個國家的孩子都能快速學會自己的母語，即便這個語言對其他國家的人來說十分複雜。同時，孩子也能快速學會當地的文化特色。這對他們來說一點都不困難，因為他們正是透過模仿身邊的人來學習。當然，他們首要的模仿對象不是其他人，而是生活圈裡親近的人。決定我們如何思考及感受的關鍵不是出身，而是成長環境。

他人的情緒與想法

上述在孩子身上發生的學習情況，就是貫穿我們整個人生的學習模式。我們永遠都會被人影響。我們的「錄影帶」永遠都在卷動儲存。不論你心裡的那卷錄影帶存下了什麼東西，都會原封不動地投影在你人生的銀幕上。

你大可把其他人想成是雕刻石匠，而你自己是一塊大理石：每個人都在你身上又敲又削的，隨意按照他們的喜好來塑造你。每個在你身旁周遭的人，都真切地會不停對你造成影響，而這些影響往後再也難以被糾正。**不論遇上了誰，在那之後，你都再也不是原來的你了。每次的際遇都會在你身上留下影響，你永遠會沾染到別人的色彩。**

而這就是改變的機會。

我們當前的想法和感受，帶給了我們今天擁有的一切。然而，同樣的想法和感受並不能帶領我們往前，成為我們心中想成為的人。這表示我們不能一直想保持原樣，卻又希望結果有所不同。**如果期待自己能達成不一樣的結果，我們就必須學習以不同的方式去思考、感受**。

孩子會透過模仿身邊人的動作或行為，同步接收相對應的情緒。我們也是一樣。**要了解一個人最好的方法，就是模仿他的動作**。因為動作會引發情緒。

使用和別人一樣的說話方式，就能無意間了解他們的思維模式。這樣的學習方式要比我們一開始想的更廣且深。我們總會不停地「學習」，因為我們會不斷吸收周遭人的感受及思考方式。

檢查自己的心智錄影帶在播什麼

這樣的學習方式有很大的優點，就是能無意識地不斷學習。但同時，這樣的方法也有缺點，就是一旦受到某種特定的影響，也無法有意識地篩選出自己想儲存的東西。

如果你想努力變得更成功，卻沒有達成想要的結果，或許只是「放錯了錄影帶」。每當發現自己很難達到想要的結果，或許就是該對自己的播放器按下暫停鍵，並嚴格檢查自己的「心智錄影帶」正在播些什麼的時候了。

你在錄影帶上存了些什麼？或許你就會發現，是時候該換一卷錄影帶了。那要如何才能獲得另一卷錄影帶呢？單純希望這些錄影帶「播點其他的東西吧」是不切實際的。你必須儲存其他的東西，而要獲得這些東西，就必須和那些過著你想要的「錄影帶」的生活的人接觸。請多和那些有著你想學習的特質的人相處。

你絕對有選擇

在我們成長到某個年紀之前，無法選擇自己的生活環境。不論這樣的環境是好或壞，某個程度上，的確可以稱自己是周遭環境的「受害者」。不論是否願意，我們的潛意識早就被灌入某種特定的運算程式。

長大成人的我們，身邊通常聚集著兩大群人：一群是需要我們的人，另一群是不需要我們的人。對第一群人來說，我們有責任並且必須幫助他們。但千萬不要忘記，如果我們可以變得更強大，也就能更有效率地幫助他們。

而在不一定需要你的那群人中，有人會接受你想學習和成長的需求，但也有人會試圖阻礙你進步。在這種情況下，我們必須清楚知道，自己絕對有選擇的權利。並不一定只能把時間花在這些人身上，**我們比自己想的更自由，有能力可以掌**

握自己的命運。多數人從未看清自己在選擇裡擁有的巨大權利，還認為自己和孩子一樣，沒有機會去選擇其他環境。

我們絕對能決定自己要被什麼樣的人影響及「灌輸程式」。雖然我們無法決定什麼時候能「暫時關閉」自己的潛意識，但多數時候，我們絕對可以選擇自己想和哪些人相處。沒有人可以逼迫我們被阻礙或限制，我們就是自己人生的設計師。

後果

人們對這項認知的反應非常不同。有些人以為自己必須要立刻和那些「還不算成功」的朋友斷絕往來，但這麼做通常沒有必要，也不適合。更好的做法應該是，如果朋友願意接受幫助的話，就盡可能去幫助他們。但請不要強迫他人接受你的幫助。**那些沒有開口尋求建議的人，通常也不想聽任何建議**。

幫助成人和兒童的方式往往是一樣的：長期而言，我們唯一能為他們做的，就是幫助他們自助。

如果是你自己需要建議，請只向那些比你成功的人請益。聽從那些自己也不知道該如何做的人的建議，一點意義也沒有。多數情況下，那些人的建議主要都是在為自己的情況辯解。請以成功人士為榜樣。

當然，很快地，你就會發現一個問題：什麼才是成功？美國作家蓓西・安德森・史丹利曾為成功下過一個很好的定義：

「成功降臨在那些……

善於生活並經常開懷大笑、給予許多愛的人；
他們贏得了聰明人的尊重，以及孩子的喜愛；
他們能找到生活的空缺，並願意用生命去填補；
他們完成了自己的使命。
不論是種植美麗的花朵、
完成一首美麗的詩歌，抑或是拯救一個靈魂；
他們從不缺乏感恩的心，
他們深知要珍惜世界的美好，
也從不吝嗇於表示出來；
他們總能看見別人最好的一面，
並總是全力以赴；

他們的一生激勵人心，

每當想起這個人，都是一種祝福。」

我們都應該思考自己想認識哪些人，以及想向哪些人學習。因為當身邊環繞著成功的人時，我們也會更容易成功。請尋求那些對你抱有更高期望的人的陪伴，這樣的期望能成為一股強大的動力，積極地敦促你成長。

桶子裡的螃蟹

一旦你越常與贏家處在一起，你將不得不承認自己的變化。但並不是你身邊的每個朋友都樂見你的改變，有些人甚至想強力阻止你學習與成長。

你是否觀察過，如果有一隻螃蟹試圖要從桶子裡爬出來時，會發生什麼事？其他螃蟹會把牠扯回桶子裡，但並非有什麼特別的原因。有些人的行為就像螃蟹一樣，沒有惡意，但他們就是會這樣做。

重要的是，你不能讓自己被扯住後腿。如果生活周遭的人都刻意在阻撓你進步，長期下來，你是不可能獲得任何巨大成功的。雖然非常困難，但你的確只有一種選擇——放棄你的目標，或是放棄那些想扯後腿的人。請不要讓自己被綁住。一旦我們停止成長，就無法繼續幫助自己及其他人。

這麼做並不是要試圖去批判這些人的價值，每個人都有獨一無二的價值。然而，有時必須要經過一段時間，才能發現彼此並不適合。雖然相當令人難過，但有時你確實必須採取行動。但無論如何，我們永遠不該質疑他人的價值。

讓身邊充滿贏家，你也會成為贏家

有了紀律，我們才能養成習慣；有了習慣，我們才能讓行為持續。習慣能讓我們自動自發且毫不費力地去完成生命中重要及正確的事。而啟動這些習慣的關鍵，就是我們周邊的人。

生活的每個領域都有合適的策略。一旦採用這些策略，就能省下大把時間及精力，還能在該領域中成為佼佼者。多數人都崇拜英雄，但只有極少數的人會去研究英雄的策略，並實際運用在自己的生活中。

贏家會送給自己一份禮物：他們會選擇和那些不允許自己滿足於比自己應得的生活還糟的人在一起。贏家會確保自己與那些能激勵和支持自己的人在一起。請讓自己的生活充滿贏家。

持續被贏家影響及改變，我們也會因此成為贏家。

富足人生練習 28

今天，我會想辦法讓自己身邊充滿可以學習的榜樣，因此我將完成下列練習：

1. 今天，我會去找一個已經成就了某樣我也想達成的事的人聊天。
2. 我將讓自己被「灌輸」正面積極的事。為此，今天我不會再追沒意義的影集，或是整天沉浸在自動播放的串流音樂裡。今天，我會有意識地選擇我想「接收」的東西。
3. 我決定，從今天開始，每個月都去認識一個值得我學習的人。
4. 我會思考如何去支持生活周遭的人。我會聰明有理地表達我的支持，不會讓人覺得是在說教。
5. 我會嚴格地詢問自己：我如何影響其他人？我是別人的榜樣還是警惕？

贏家心態

29

贏家心態29
化不滿為動力

從前，有位年邁的酋長向陌生人講述自己以前位在南海的家鄉小島是什麼樣子，那座小島在一次火山爆發中沉沒了：

「我們的族人總共分布在七個村莊。每個村莊都有一位酋長，負責守護一個特別的祕密。族人的幸福，完全取決於七位酋長能否好好守護這七個祕密。因此，七個部落必須和平相處。

「火山爆發時，每位酋長都把自己村莊裡的居民打包好送上一艘大船，以確保大家的安全。在火山濃密的煙硝之下，七艘大船很快就消失在彼此的視線裡。我們四散奔逃，再也找不回自己的族人。」

聽故事的陌生人相當驚訝：「你們難道沒派人去找過另外六個族群嗎？」

「哦，我們當然這麼做了。」酋長回答道，「我們派出載有偵查兵的大船不只一次，不過那些船隻從未回航過。」

「這怎麼可能？」陌生人又問道，「你們可是優秀的航海員啊。」

酋長想了一想，回答道：「不，我不相信他們是遇上船難而沒有回航，比較可能的是他們在航行的路上找到了一個非常喜愛的地方，以致於他們忘了自己的任務，並在當地住了下來。我相信，他們現在全都非常心滿意足地活著。」

／

所有取得巨大成功的人，都有一個共同點——他們都曾對自己生活裡的某個領域極度不滿意。而這些不滿意，全都轉換成了進步的動力。

對職涯的不滿通常有以下原因：

- 缺乏意義以及自我實現。
- 收入過低。
- 沒有升遷機會。
- 工作內容讓人不愉快。
- 缺乏挑戰性。

・無法從工作上獲得肯定。
・工作上無法提供自由發展空間。

感謝是好事，滿足則不然

對許多人而言，「不滿足」有著負面意涵。我們之間一定有許多人曾聽過這樣的說法：「你應該滿足於你現在擁有的東西。」告訴我們這句話的人，本意是想傳達一個正面的觀念，只是沒有正確地表達出來。

因為他們沒有正確區分「感謝」和「滿足」。

事實上，「感謝」和「滿足」背後代表的意涵完全不同。我們應該感謝自己擁有的一切——我們獲得的食物和營養、在身邊陪伴我們的人，以及我們深愛也愛著我們的人。不論你擁有的是什麼，都應該對此抱持感謝。即便你擁有的是一部小車或一間小公寓，我們仍舊有許多值得感謝的原因。

感謝是一個相當重要的觀念。首先，除了感謝之外，沒有其他力量能幫助我們戰勝恐懼。其二，如果我們無法對自己現在擁有的一切懷抱感謝，那麼當我們獲得更多東西時，就更不可能因此心懷感激。感謝正是幸福之門的鑰匙，你絕對不會看到有哪個常懷感謝之心的人過得不幸福的。

然而，感到「滿足」卻十分危險。

我們永遠都不該對自己擁有的一切，以及我們目前的身分感到滿足。所有活著的東西都會成長，停止成長就代表它正在死去。一個對自己感到滿足的人，會往後一癱，然後停止成長。我們必須要確保自己不會屈服於滿意。史威夫特曾說：「那些什麼也不期待的人是有福的，因為他們永遠不會失望。」

在餐廳裡什麼也不點的人，當然什麼也不會得到。人生也是如此。我們應該去追求想得到的東西，這就是成功。然而，我們也應該對自己已經擁有的一切心懷感激，這就是幸福。兩者缺一不可。

滿足讓人怠惰與無感

一個滿足於現狀的人會就此裹足不前。頂著「滿足」這個冠冕堂皇的大旗，事實上卻在美化懶惰與無感，並壓抑自己的成長。這就是「知足常樂」成為生活中最受歡迎的謊言的原因。更糟糕的是，那些成為知足常樂犧牲品的人，還認為自己既高尚又善良。

一旦一個人開始感到滿足，他的績效就會開始衰退，並停滯不前。因此，很快就會出現表現更好的人，因為世上總會有人不滿足於現狀、對自己有更高的要求，想超越現在的狀態。滿足很快就會變成一座牢籠，這些安於牢籠的人，將發現自己一天天越來越難以逃脫它。

請千萬不要對你已經獲得的最大的成功感到滿足。一旦你的成功不再增長，它就會萎縮。不論是在自然界或商業活動中，都不存在所謂的靜止狀態。想獲得成功，就必須成長。而不滿足於現狀，就是你最大的動力。

多數的回報來自於不滿足

不滿足是最重要的動力。你也可以將它稱為野心、奮鬥，或是進步的欲望。不滿足是非常自然的現象，在某種程度上，它是我們基因編碼的一部分。經常感到不滿足的人是最幸福的，因為他們會持續進步、不斷實現自我，並找到自己的熱情所在。

這就是為何美國人總說：「保持飢渴，才能自由。」不滿足就是通往自由的關鍵。

不滿足的人會知道，自己永遠不會有「抵達」的一天。對他們來說，旅程就是目的，因此他們能享受過程中的一切、品味每一刻，並對當下心存感激。

一位智者曾說：「我們所有人，都像在一部前往實現自我的列車上。每到一站都會有人下車。你現在想舒服地休息一下，覺得自己旅行夠了，暫時停下來沒關係。但一段時間後，我們還是必須重新上車。因為這部列車會帶領我們去到更美好、更有意義的地方。但如果我們不繼續旅行，就會錯過那些真正值得我們去追求和珍惜的事物。」

旅行得越遠，將越能體會這個道理。因為一旦一個人體驗過非凡的經驗，將再也無法滿足於一般的標準。

向其他不滿足的人尋求幫助

如果你想讓公司成長，就必須去尋找那些你會想和他們一起工作的人。只有當你去鼓舞別人來幫助你時，公司才可能迅速擴張。

與此同時，請去找那些不滿足於現狀的人。這些人之中，有些人非常容易被發現，有些人則表面帶著一點偽裝，要仔細觀察才能辨別。千萬不要試著與那些滿足於現狀的人一起工作。去激勵一顆石頭都還比較簡單。

如果有人想說服你，他滿足於自己目前擁有的一切，那麼請接受這個事實——你無法與這些人一起共事。畢竟，他剛剛說的可是關於人生的謊言。你清楚知道那是謊話，或許他自己也很清楚。然而，請不要試圖「改造」對方，勉強他人接受你對「不滿足」的想法。請接受每個人都有自由意志，有權利自己做出決定——即使在你眼中，其實有更好的選擇。

請去尋找哪些對自己收入尚不滿意的人。少有什麼事能比過低的薪水更打擊人心。許多人的薪水只是剛好不會讓他想辭職而已，你可以提供給他們一個公平的機會來幫助他們。

有些人在職涯早期，就已經為自己找到了令人興奮的發展機會。不過這樣的人屬於少數。多數人都會接受自己得到的第一個職位，並繼續在同個領域發展下去。你可能會想，既然他們不喜歡自己正在做的事，為什麼要一直待在那裡？為什麼人們會選擇待在一份無法為自己帶來滿足感的工作？

答案是：安全感。

如果一個人有帳單要付、有家庭要養，就很難自願從一份工作離開——即使他有多討厭這份工作。結果就是，多數人會繼續浪費自己二、三十年的生命，在一份不喜歡的工作上，只因為他們「似乎」沒有其他選擇。假如你能提供一個真正的機會，就能說服他們，讓他們不必再做自己其實一點也不想做的事。

這同樣適用於那些因為人生中沒有足夠的挑戰而不滿意的人。請提供這些人一個挑戰，你將會對他們刮目相看。一個昨天還漫無目的在閒晃的人，今天突然就朝著目標大步向前了。前一陣子還表現平庸的人，突然間就做出驚人的成果了。

請讓這些人看到，工作其實也可以很有趣。那些聲稱只有在工作之外才能找到樂趣的人，都是在逃避現實。每個人都能找到一份讓自己樂此不疲的工作，讓他們幾乎不想將休閒與工作分開。

贏家會對自己擁有的一切心存感激，但不會滿足於明天醒來依舊得生活在同樣的環境。贏家知道，成長是人類的基本需求。

富足人生練習 29

今天，我會接受我的「不滿足」其實是一股良好的動力，因此我將完成下列練習：

1. 我會大聲說出至少五件我此刻很感謝的事物。每次專心在做這個練習時，恐懼就會煙消雲散。
2. 我會承認我的不滿足感，因為這正是我內在一股重要的動力。滿足只會讓我們停滯不前，最終慢慢死去。不滿足才能推動去做偉大的事，活出真正的自己。因此，今天我會寫下三件一定要實現的事。
3. 我不會嘗試說服別人接受「不滿足」這個概念。我會接受每個人都有權利依照自己認為對的方式生活，但我也絕不會因為我的不滿足感到羞愧。
4. 我了解，唯有我能鼓舞其他人來和我一起工作，我的公司才能成長。這就是我尋找那些也同樣「不滿足」的人的原因，我能為他們提供一個好機會。

贏家心態
30

贏家心態30

可以成為老鷹，就不要當鴨子

你還記得那個古老的印度創世故事嗎？

神一開始創造了一顆貝殼，接著才創造了老鷹。人能選擇要過得像貝殼一樣無趣，或是像老鷹一樣刺激又激勵人心的生活。

「這選擇還不簡單。」或許你會這麼說。想當然耳，每個人應該都會選擇老鷹的生活。不過，還是發生了一些令人始料未及的事，讓許多人既不想過著貝殼的生活，也不想選擇老鷹的生活。

他們都想要擁有老鷹生活的優點，卻不想付出代價。因此，他們開始尋找一個能與他們的「要求」相符的動物。最後，他們找到了鴨子。

用嘎嘎叫取代實際行動的鴨子

表面上看來，鴨子跟老鷹長得很像。但事實上，這兩種生物有著根本上的差異。如果知道該觀察哪些地方的話，你一眼就能辨識出鴨子和老鷹的不同。舉例來說，兩者雖然都會飛，但老鷹在高空翺翔時，鴨子頂多只能在水面上低空飛過。

鴨子最顯著的特徵就是叫聲。鴨子整天都在嘎嘎叫。一早醒來時，牠會嘎嘎叫。肚子餓時，牠會嘎嘎叫。出現不喜歡的東西時，牠會嘎嘎叫。被同伴搶了食物，牠會嘎嘎叫。只要某個特定的結果沒有實現，牠就會嘎嘎叫。用嘎嘎叫來代替實際行動——這是個相當糟糕的概念。

「工作上」的鴨子

讓我們看看在哪些情況，我們可以清楚辨別鴨子的性格。

你是否有過比旅館規定的早餐結束時間還要晚十五分鐘，才匆匆到餐廳的經驗？要是這時你遇上的是一隻鴨子，就會告訴你：「很抱歉，您來得太遲了。您沒有看到門外的掛牌嗎？早餐只供應到十點。嘎嘎、嘎嘎、嘎嘎……」

但如果是老鷹的話，就會問你：「早餐已經收拾乾淨了，我能讓廚房再快速幫您做點什麼嗎？您想吃些什麼餐點呢？」

你有去過建築材料行嗎？那是通常有五千平方公尺大的賣場，但往往只有一個服務人員。奇怪的是，服務人員看起來都時時刻刻剛好在替顧客提供諮詢。而且每次都剛好是那種想要蓋高樓大廈的顧客。如果你有禮貌地打斷他們，然後問道：「抱歉，我只有一個小問題而已：請問棕色的木頭是放在哪裡？」你猜猜會發生什麼事？

你會發現，鴨子會回答：「你沒看到我正在服務另一個顧客嗎？我一次只能為一個顧客諮詢。請等輪到你的時候再……嘎嘎、嘎嘎、嘎嘎……」

幾個月前，我原本要入住亞特蘭大旅館。當時我已經預訂了旅館的房間，也收到了旅館的訂房確認。然而，抵達飯店時，我卻被告知客房全訂光了。櫃檯的女士告訴我，由於旅館房間超賣的緣故，所以我的訂房確認無效。語畢，就讓我獨自站在原地。

我當然據理力爭。然而，我唯一從那位女士身上得到的回答便是：「如果我說旅館滿了，那就是滿了。我又不能給你變出一間房間來。嘎嘎、嘎嘎、嘎嘎、嘎嘎……」她也不願再幫助我些什麼。

「啊哈！」我心裡想著，「又是一隻鴨子。」於是，我要求見她的主管。她反駁道：「他也不會給你其他答案的。」講完之後，她便打算轉身消失到一道門後。我敢保證，那道門後一定是個鴨子池，她大概也只會帶著另一隻鴨子出來。於是，我請她帶隻老鷹回來。「一隻什麼？」她問道。我向她解釋：「麻煩你替我找一個，不會什麼都說沒辦法的人來。」

這樣說她倒是明白了。隨後出現的一位經理，果然是老鷹。

他回答道：「我們的房間是真的全滿了。這是我們旅館的失誤，我為此向您誠心地道歉。我很想立刻為您找到解決辦法，我現在就去打電話，幫您找一間和我們等級差不多的旅館，看看能不能為您訂到一間房間。我們也會為您升等房型，並承擔相關費用。在我致電其他旅館的同時，能否讓我們請您到我們的餐廳用餐等候呢？」

小心迴避鴨子

你能分辨出老鷹嗎？老鷹會行動，而鴨子只會嘎嘎叫。

鴨子的叫聲代表牠們的藉口、道歉、毫無意義的嘮叨、抱怨、牢騷。鴨子們總有一天會被解雇。牠們就是一旦遇上危機時第一批被犧牲的東西。然後牠們會抱怨道：「多不公平啊。我想一定是老闆不喜歡我。」而老鷹則會被公司重用升遷。最重要的是，我們不應該和鴨子一樣只是嘎嘎叫，而是應該實現成果。而且在我們的部門、公司或團體裡，我們要迴避鴨子。雖然，有些人認為鴨子也可以被激勵，但你知道，這樣做你會得到什麼嗎？一隻有動力的鴨子。

鴨子與老鷹的差異

- 鴨子會說：「我負擔不起這個。」老鷹會問：「該怎麼做我才能負擔得起？」
- 鴨子是悲觀主義者。老鷹是樂觀主義者。
- 鴨子只會互相轉述自己的負面經驗。他們甚至會為此組織一個鴨子大會。老鷹則絕大多數會分享自己的正面經驗。
- 鴨子只會做他不得不做的事——而且還很常連這些事都沒做。老鷹則會完成更多的事，他們會做得比他人期望的更多。

- 鴨子的工作速度很慢。他們的工作格言是：「我是來工作，不是來逃難的。」老鷹則會把所有的事按照「盡可能快速原則」解決。
- 鴨子覺得自己什麼都比別人懂，而且還會找理由好讓自己不用做事。老鷹則隨時隨地準備學習，並且會立刻動手去做。
- 鴨子會找藉口，老鷹會找辦法。
- 鴨子絕不冒險。老鷹雖然有時會膽怯，但他依舊會行動，他們非常勇敢。
- 鴨子的工作時間是早上十點到晚上六點。而老鷹的工作時間通常是早上六點到晚上十點。
- 鴨子會為每個到來的機會挑毛病，老鷹則會認出每個問題裡的機會。
- 鴨子喜歡在別人背後說人壞話——只有這樣他們才認為自己比較優秀。老鷹通常只會說別人的好話，否則就是靜默不語。
- 鴨子總是需要花很長的時間來做決定，但很快又會推翻這個決定。老鷹則會迅速做決定，因為他們了解自己的價值觀，且相信自己的直覺。
- 鴨子總是專注在問題上並嘎嘎叫。老鷹則會專注在解決方法和行動。
- 即使多年以後，鴨子的靈魂也會記得別人對他做過的錯事。老鷹則會原諒他人。

• 鴨子等著被餵食，如果吃不飽，就會嘎嘎叫。老鷹會承擔全部的責任，並得到他們想要的。
• 鴨子必須愛他們擁有的一切。老鷹則會努力去獲得自己所愛的事物。
• 鴨子會為了小小的成就而興奮不已，並藉此感受到自己的存在。老鷹不會把自己看得太重要。
• 在鴨子的眼中，世界就是一個小池塘而已。而老鷹則會飛到高峰上看世界。
• 鴨子抱怨環境。老鷹改變環境。
……諸如此類。

對他人的影響

鴨子會從同伴間學到什麼？如何嘎嘎叫。老鷹則會挑戰牠們的同伴。你曾觀察過老鷹是如何讓幼鳥為生活做準備的嗎？
首先，老鷹會開始把墊在巢裡的細絨毛拿走。牠們會將這些絨毛移到鳥巢的邊緣，接著是去除乾草，讓巢裡變得一點都不舒適。細小的樹枝會一點一點地被移走。幼鳥只能躺在粗糙、只由粗大樹枝架起的巢裡。很快地，牠們就會因為待得不舒服而開始嘗試飛行。要是有哪隻幼鳥覺得太過恐懼的話，老鷹就會直接把這隻幼鳥丟出巢外。如果此時幼鳥仍舊無法張開翅膀，父母就會飛到牠的下方，把牠載回巢裡。但很快地又會把牠扔出去——直到牠學會飛翔。

待在老鷹周圍的人也必須學會成長。

老鷹不會容忍其他人的停滯及懶散。他們對周遭環境有很高的期望，他們會挑戰環境。這就是為什麼老鷹是有影響力的人，以及團隊領導者的原因，他們對生活和周遭的人充滿興趣、想發揮影響力，他們希望能改變現狀、變得更好。

也許，這就是為何老鷹如此受人尊敬，並能成為無數國徽象徵的原因。老鷹是我們最喜歡的榜樣。贏家會像老鷹一樣生活。

在你人生徽章上的，是哪一種動物呢？

富足人生練習 30

今天，我要建立起像老鷹一樣的生活能力，因此我將完成下列步驟：

1. 今天，我會下定決心把這本書從頭再讀一次。我會每天讀一個章節，並跳過那些和我現在比較沒有關連的部分。
2. 今天我會找個不受干擾的地方，好好讀完本書的結語，並仔細思考其中的深意。
3. 今天，我會敦促我周遭的人。對我有重大意義的人，我會對他們抱有高度的期望。雖然這麼一來，可能會讓別人感到不那麼舒適——但我將能帶領身邊的人飛翔。
4. 我會仔細思考，自己理想中的「最佳贏家」是什麼樣子。透過書寫，我將能碰觸到自己深層的思想及價值觀。
5. 我了解，世上不可能有人人適用的「贏家心態」存在。我必須以自己的價值觀為自己找出方向，建立我自己的「贏家心態」，作為我人生的指南。

〈結語〉
這條路不會永遠輕鬆，卻能獲得豐厚的回報

真正的成功從來不是單方面的。

成功總會由外在及內在兩個部分組合而成。在我們的社會中，外在的表現特徵往往被過分強調。文學作品中一個經常被拿來探討的主題便是：為了聲譽與名望而出賣靈魂的人。

事實上，不忠於自己的內心而先達到外在的成功確實比較簡單。許多媒體都曾報導過，人們為了達到目標不顧一切、「踩著別人的屍體」等，從而更快地獲得財富與讚賞。

舉例來說，忽略他人的需求，就更容易專注在自己的目標上，這也解釋了為何有時糟糕透頂的人反而能獲得巨大的權利。為了達到目的不顧一切的人，根本不會在意其他人的感受。然而，這樣的行為不是成功，而是自私。

我們不能將外在的成功置於內心的需求之上。我們也需要內心的成功。追求

與展現人類與生俱來的良善特質是我們的天性——感恩、愛、和平、喜樂、智慧、謙遜、責任感，以及助人。

刻意壓抑這些特質並「出賣」自己的人，不可能真正實現自我。為了取得外在的成功而對自己不忠誠、拋棄內心的平靜，代價實在太大了。

另一方面，內在的平靜並不能保證我們能獲得真心想要的事物，因此，我們也不該拒絕獲得外在成功的欲望。我們必須允許自己想要更多。成功人生的藝術就在於兩者兼顧。贏家就是如此。這就是為何《贏家心態》包含了這兩個部分。

因此，有些法則雖然看似矛盾，事實上卻是互屬於一個整體。例如：「繞路」往往能更快達成目標。

本書不敢說毫無遺漏，畢竟生活是如此豐富、多樣，不可能以簡短幾頁篇幅說完。贏家也絕不會聲稱自己找到了全部的智慧之言，他們了解，轉換及改變是萬物存在的基礎。他們也了解，每個真理背後都有另一個面向。贏家擁有寬大的心胸，了解生活中的一切都能帶來快樂，不需要絕對或完整的事物來保證些什麼。贏家會善用眼前的每一刻、盡情品味享受，以獲得最大的滿足感。

贏家會盡情享受生活。他們按照贏家心態——他們自己的版本——生活，這些心態將帶領他們前往最豐富、有趣的人生。

按照贏家心態生活的每時每刻，都是值得活著的一刻。當我們實踐這些法則，甚至只是其中的一小部分，我們都能活得像個贏家。

贏家心態為我們設定的標準非常高。在此，我想和你們坦承：《贏家心態》中的多數法則，至今我也無法完美地掌握。

以一到一百分的標準來看，有時候我想我可以得到九十四分，但有時候大概只有七十二分。希望你看到這裡沒有太失望。

我不認為有人能在所有情況下都做到一百分。更符合現實的情況是，我們盡可能去接近它，但永遠不可能完美地達成它。正是因為如此，重複練習這些心態非常重要：這能提醒我們，不斷認知到自己想成為的人的願景。

衷心祝福各位都能過上豐富、快樂，以及充滿冒險精神的贏家生活。這條路不會永遠輕鬆，卻能讓你獲得豐厚的回報。

如果在這條路上我們有幸相遇，我會很開心。我確信，我們都會從這次的相遇中變得更強大。世上的贏家不算多數，但莫名地，他們總會相互吸引、找到對方。

現在，我想以德國詩人愛麗・米歇勒（Elli Michler）的一首詩向各位道別：

「我願你有時間……
我願你有時間，盡情歡笑，
如果你能好好利用它，你絕對能成就點什麼。
……
我願你有時間，去仰望星空，
有時間去成長，也就是變得更成熟。
我願你有時間，重新燃起希望、去愛。
推遲這樣的時間沒有任何意義。
我願你有時間，找回你自己，
體驗每一天、每一個小時的幸福。
我願你有時間，原諒別人的罪過，
我願你有時間：享受生活。」*

希望各位都能成為贏家，並願你的人生能造福他人。

你衷心的

* 摘自〈我願你有時間〉（*Ich wünsche dir Zeit*）；原書為《想著你》（*Dir zugedacht*）願望詩集，出版於二〇一〇年，慕尼黑。

謝辭

站在巨人的肩膀上，小個子也能看得更遠。與古老的真理及實踐方法比起來，我對成功和成就的貢獻著實渺小。

一開始，我還得先當一位「學生」，才能開始把我的所有導師及楷模教給我的東西寫下來。沒有這些人，就不可能有這本書的誕生。我想特別感謝：Dr. Windfried Noack, Peter Hövelmann, Daniel S. Pena, Shami Dhillon，以及Walter Möbius教授。

除此之外，我也想感謝其他人，你們的經歷、見解及智慧，一直都是我靈感及力量的泉源。

我還要特別感謝在博多．薛弗學院所有出色的夥伴，你們是世界上最棒的團隊。和你們一起工作充滿了快樂及動力。是你們，從一開始就深深相信這本書。對你們而言——對我也同樣如此——《贏家心態》並不只是一本書而已。

特別感謝Christine Volkmann教授、Sibylle Berg女士、Kristina Herrmann女

士、Lisa Demmer女士、Filiz Reintgen女士、以及Annika Hildebrandt女士、Adnan Aydogu先生、Tim Linnenbürger先生、Julian Anweiler先生，以及Yvonne Barfigo女士，感謝你們為本書付出不懈的努力，以及提供富含建設性的指教與評點。

當然，這份感謝清單並不完整，我還想感謝所有讀者，以及我研討會的參與者。其中，有成千上萬的人寫信給我，鼓勵我將有關成功的一切集結成書。與此同時，他們更幫助我從豐富的贏家心態中挑選出最重要的原則。特別感謝你們寄給我的無數成功故事。我非常感動，自己居然能對此做出微薄的貢獻。

最後，感謝我的妻子Imke對我的不懈支持。能愛人及被愛絕對是世上最美好的禮物。

Eurasian Publishing Group
圓神出版事業機構
方智出版社
Fine Press

www.booklife.com.tw　reader@mail.eurasian.com.tw

生涯智庫 222

贏家心態：帶領一整代歐洲人走上成功與致富之道的經典

Die Gesetze Der Gewinner : So Werden Ihre Träume Wahr

作　　者／博多．薛弗（Bodo Schäfer）
譯　　者／黃淑欣
發 行 人／簡志忠
出 版 者／方智出版社股份有限公司
地　　址／臺北市南京東路四段50號6樓之1
電　　話／（02）2579-6600．2579-8800．2570-3939
傳　　真／（02）2579-0338．2577-3220．2570-3636
副 社 長／陳秋月
副總編輯／賴良珠
主　　編／黃淑雲
責任編輯／李亦淳
校　　對／林振宏．李亦淳
美術編輯／蔡惠如
行銷企畫／陳禹伶．鄭曉薇
印務統籌／劉鳳剛．高榮祥
監　　印／高榮祥
排　　版／陳采淇
經 銷 商／叩應股份有限公司
郵撥帳號／18707239
法律顧問／圓神出版事業機構法律顧問　蕭雄淋律師
印　　刷／祥峰印刷廠

2024年12月　初版

2025年6月　2刷

定價450元　ISBN 978-986-175-817-6　

「人生是自己的。想獲得什麼樣的成果，都是自己的責任。」

——《關鍵的1度》

◆ **很喜歡這本書，很想要分享**

圓神書活網線上提供團購優惠，
或洽讀者服務部 02-2579-6600。

◆ **美好生活的提案家，期待為您服務**

圓神書活網 www.Booklife.com.tw
非會員歡迎體驗優惠，會員獨享累計福利！

國家圖書館出版品預行編目資料

贏家心態：帶領一整代歐洲人走上成功與致富之道的經典／博多．薛弗（Bodo Schäfer）著；黃淑欣 譯.
-- 初版. -- 臺北市：方智出版社股份有限公司，2024.12
384 面；14.8×20.8公分. --（生涯智庫；222）
譯自：Die Gesetze Der Gewinner：So Werden Ihre Träume Wahr
ISBN 978-986-175-817-6（平裝）

1. CST：自我實現 2. CST：生活指導

177.2 113013494